D1672705

Karin Schneuwly   Warum schwimmt der Mensch?

Meiner Mutter gewidmet

Karin Schneuwly

Warum schwimmt der Mensch?

zocher & peter | zürich

© 2023 by zocher & peter verlag kmg | CH 8032 Zürich
Telefon ++41 (0)44) 382 82 10 | www.zope.ch | info@zocher-peter.ch
Alle Rechte vorbehalten | ISBN 978-3-907159-53-7
Weitere Angaben am Ende des Buches

Inhalt

August Wilhelm Ferdinand Schirmer (1802–1866), Römische Bäder von der Pergola des Schlosses Charlottenhof, nach 1830 entstanden. Es ist die Zeit der preussischen Griechenland- und Rom-Begeisterung, die von Schinkel, Ludwig Friedländer und Theodor Mommsen befeuert wird.

1
Schwimmen und Leistung:

«Mit Michael Phelps Bahnen ziehen»

«Man kann nicht immer gegen den Strom schwimmen,
aber man muss stets genug Charakter haben,
sich nicht mitreißen zu lassen.»

Curt Goetz

Als mein Sohn noch klein war und meine Grosstante mir Geld gab, um zu reisen, fuhr ich mit ihm manchmal nach Berlin zu meiner Freundin Andrea. Wir hatten uns zehn Jahre früher auf der Buchmesse kennengelernt – wir waren jung und tranken viel. In Berlin gingen wir dann mit allen Kindern schwimmen.

Ihre zwei Mädchen, Antonia und Johanna, lernten in einem Schwimmkurs ausserhalb des Schulunterrichts schwimmen. Nach neudeutschem System, also mit Spass und ohne Drill. Andrea und ich sassen dann jeweils am Beckenrand und schauten zu, wie unsere Kinder das Element Wasser kennenlernten.

Ihr Mann, ein gemütlicher, etwas fettleibiger Ostdeutscher, erzählte, er habe im anderen Teil Deutschlands schwimmen gelernt. In der DDR gab es nämlich, so erzählt Henning aus der Erinnerung an seine Kindheit, ein umfangreiches, staatlich angeordnetes und gelenktes Dopingsystem für Schwimmerinnen seit 1967. Seit Anfang der Siebzigerjahre wurden Dopingmittel von der DDR-Regierung und ihrem sportmedizinischen Dienst Jahr für Jahr bei Schwimmerinnen zur Leistungssteigerung benutzt. Schädliche Nebenwirkungen wurden in Kauf genommen und zum Teil sogar in den Berichten verzeichnet. Barbara Krause, die mehrfache Olympiasiegerin im Freistil, die für die DDR startete, war wie viele andere ein Opfer des staatlich verordneten Dopings – sie wurde nie über die Nebenwirkungen der leistungssteigernden Medikamente aufgeklärt – so jedenfalls ist es in der entsprechenden Literatur, die ich in der Stadtbibliothek gefunden habe, nachzulesen.

Das leistungsstarke Schwimmen ist dennoch keine Erfindung des deutschen Ostens. Besonders erwähnenswert ist die Schwimmtüchtigkeit Cäsars, der sich im alexandrinischen Krieg nach dem Bericht seines Lebensbeschreibers Suetonius dadurch rettete, dass er zweihundert Meter weit zum nächsten Schiff schwamm und dabei in seiner erhobenen Linken Papiere trug, ohne sie zu benetzen, während er mit seinen Zähnen seinen Feldherrenmantel nachzog, um ihn nicht den Feinden als Beute zu hinterlassen. Die zweihundert Meter schwamm Cäsar ohne Doping, jedoch so, dass niemand ihn einholen konnte. Man schwimmt also auch schnell, wenn man den Tod hinter sich sieht.

Von späteren Volksführern ist Ähnliches zu berichten: Karl der Grosse (748–814) soll sich schwimmend gezeigt haben. Der Kunsthistoriker Horst Bredekamp wertet diese Darstellung als Symbol herrschaftlicher Souveränität.

Ebenfalls um seine physische Kraft zu beweisen, schwamm Mao Tse-tung im Juli 1966 vor Zehntausenden durch den Jangtse. Mit diesem Schauspiel beeindruckte er die chinesischen Bauern, die in der Regel nicht schwimmen konnten. Ihnen zeigte er, dass es zwecklos sei, Widerstand zu leisten. Dagegen wäre es klüger, in dem von einer mächtigen Kraft getriebenen Strom einfach mitzuschwimmen. Dass sich der Einzelne dieser Kraft anvertrauen könne und mitgenommen würde, machte er ihnen vor.

Die Überquerung eines Flusses ist ein starkes Motiv in der Literatur und hat immer sowohl eine politische als auch eine religiöse Bedeutung. In Joan Didions Roman «Woher ich kam» beschreibt sie auf der ersten Seite, wie ihre Ururururgrossmutter Elizabeth Scott Hardin schwimmend einen Fluss bei Hochwasser mit einem Baby im Arm durchqueren konnte. Von ihrem Mann hiess es, er habe, um sie zu verteidigen oder aus nur ihm bekannten Gründen, zehn Männer getötet, die englischen Soldaten und Cherokes nicht mitgerechnet. Das Überqueren eines Flusses mit einem Baby ist bei der Amerikanerin sicherlich auch ein biblisches Motiv, das auf Christophorus zurückzuführen ist.

Doch schauen wir uns das Thema Schwimmen als Sport noch einmal genauer an. Der griechische Philosoph Diogenes meinte zum Thema Sport: «Der Sport ist nur insoweit nütze und wertvoll, dass er die Wangen röte, darüber hinaus töte er den Geist.»

Diese Ansicht verbreitete sich in Europa vor allem in den 1970er-Jahren, als immer mehr Spitzensportler in den Medien auftraten und kaum über sich und ihre Leidenschaft rhetorisch überzeugend reden konnten. Und man beobachtete sie. Leistungsschwimmerinnen bekamen plötzlich Arthrosen, Osteoporosen, Ermüdungsfrakturen, Knorpelabrisse und anderes mehr. Der Körper ist Höchstbelastungen ausgesetzt. Im Schwimmbad kommen Hautinfektionen und die sogenannte Schwimmbadkonjuntivitis dazu.

Doch in der allgemeinen Einschätzung gilt die Sportart Schwimmen nach wie vor als äusserst gesund. Präventiv ist es wirksam durch das Training der Atemorgane, des Herzkreislaufsystems, Kräftigung der Muskulatur und des Stützapparates sowie die positive Beeinflussung des Nervensystems in Form eines erhöhten Vagotonus. Auf das Mass kommt es an.

Und doch ist es so: Fast alle Probleme lassen sich durch das Schwimmen lösen – vielleicht sogar Vergiftungen. Das ist den meisten Menschen nicht klar. Einige versuchen es mit Alkohol, obwohl die Alkohol-Löslichkeit der meisten Probleme umstritten ist. Die Wasserlöslichkeit vieler Lebensfragen hingegen ist unumstritten, wenn auch sehr wenig bekannt. Sonst hätten die Schwimmbäder durchgehend geöffnet.

Ich habe fast alle meine Probleme durch das Schwimmen gelöst. Die mit Abstand schwierigste Phase meines Lebens, die man gemeinhin mit dem deprimierenden Wort «Pubertät» bezeichnet, verbrachte ich praktisch im Wasser. Das war, wenn ich an den Chlorgehalt der Hallenbäder denke, nicht sonderlich gut für die Haut. Aber die Pubertät ist so oder so nicht sonderlich gut für die Haut. Da schaden sechs Stunden Chlorwasser wöchentlich auch nicht mehr. Im Gegenteil. Unter Wasser fielen meine Hautprobleme weniger auf. Ich genoss es, für die Dauer der Pubertät weitgehend untergetaucht zu sein.

Die Künstlerin Frida Kahlo schreibt in einem Buch: «Ich habe getrunken, weil ich meine Sorgen ertränken wollte, aber jetzt haben die verdammten Dinge gelernt, zu schwimmen.» – eine schöne Metapher für künstlerisches Tun.

Noch heute ist mir das Wasser ein Ort der Zuflucht. Ich gehe, wie anfangs beschrieben, mit meinem Sohn schwimmen, und das einzige, was dann wirklich zählt, ist, meinen Körper zu spüren, die Sinnlichkeit des Wassers. Bürostress und Familienknatsch verschwinden in dem gleichförmigen Rhythmus von Wasser, Bewegung und Atem. Was bleibt, ist die tiefe Befriedigung, unterwegs nicht ertrunken zu sein.

Das einzige Problem, das sich als wasserresistent erweist, ist meine Chlorbrille. Sie ist das Utensil, zu dem mich eine Hassliebe verbindet. Meine Chlorbrille ist ein äusserst launisches Gerät. Mal beschlägt sie dermassen, dass ich kaum die blaue Bahnmarkierung erkenne, geschweige denn entgegenkommende Schwimmerinnen. Ein anderes Mal lässt sie mehrere Milliliter Wasser rein, die mir beim Luftholen regelmässig über das Auge schwappen.

Vielleicht sollte ich hinzufügen, dass ich einigermassen kurzsichtig bin. Kaum hatte ich die hormonellen Auswüchse der Pubertät hinter mir, dezimierte sich meine Sehschärfe empfindlich. Die Hautprobleme verschwanden aus meinem Gesicht, ein Brillengestell tauchte auf. Mit der Chlorbrille hat es indes eine eigene Bewandtnis: unter Wasser vergrössert sie die Dinge tendenziell.

Diese Unterwasserwahrnehmung beschreibt John von Düffel sehr schön: «Es kommt vor, dass mir beim Brustschwimmen, wenn ich mit dem Kopf unter Wasser bin, riesige Schwimmflossen durchs Gesichtsfeld fahren, das sind – ich kann es selbst kaum fassen – meine Hände in anderthalbfacher Vergrösserung. Hinzukommen die enormen Beine der männlichen Schwimmer, die sich strampelnd neben mir bemühen. All das sind zutiefst beunruhigende Wahrnehmungen aus der Unterwasserwelt. Und vielleicht ist meine Schwimmbrille deshalb so gnädig, weil sie schon nach wenigen Bahnen eintrübt und meinen Blick durch einträufelndes Wasser ganz und gar verschwimmen lässt.»

Anders als Fussball, ist der Schwimmsport nicht so häufig am Fernsehen vertreten. Wenn dann mal eine Olympiade war, wunderte ich mich immer, dass keine Schwarzen mitschwammen, deshalb hat mich das Bild der amerikanischen Fotografin Anna Boyiazis in der Neuen Zürcher Zeitung und seine schiere Schönheit erst einmal frappiert. Es zeigt vier junge afrikanische Frauen auf dem Rücken liegend und einen weissen, leeren Benzinkanister als Schwimmhilfe in den Armen haltend. Ich fragte mich zuerst, was das ist – eine Therapie? Ein Ritual?

Es ist viel einfacher, erklärt der Beitext: Die jungen Mädchen absolvieren einen Schwimmkurs. Auf Sansibar allerdings, wo die Aufnahme entstand, ist das keine Selbstverständlichkeit; dass Frauen sich ins Wasser wagen, war in der islamisch geprägten und patriarchalischen Gesellschaft bis vor wenigen Jahren undenkbar. Das seit 2010 bestehende Panje Project, das Schwimmunterricht für Kinder und Jugendliche anbietet, musste zähe Überzeugungsarbeit leisten, bis auch die Mädchen zu den Kursen zugelassen wurden. (NZZ, 30.4.2018)

Es gibt in der älteren – amerikanischen – Fachliteratur die These, dass Geschlecht und Rasse einen Einfluss auf die Dichte des Körpers und dadurch auf die Schwebefähigkeit im Wasser ausüben. Es ist aber in meinen Augen viel wahrscheinlicher, dass gerade beim Spitzensport Rassismus, Antifeminismus und Sklaverei als unverarbeitete Geschichte der Amerikaner zum Ausdruck kommen.

Dabei kommt mir die Frage auf, welches Geschlecht eigentlich das Wasser besitzt. Grammatisch ist es ein Neutrum, doch diese Geschlechtslosigkeit trifft allenfalls auf Wasser in seiner chemischen Reinform zu, wenn es als durchsichtige, destillierte Flüssigkeit in Reagenzgläsern steht. Nur: Wasser ist nicht H_2O. Dass Wasser ganz anders erlebt wird, zeigen allein schon die verschiedenen Namen von Flüssen: die Aare, der Rhein, die Donau, der Pruth.

Wasser ist nie Wasser an sich, sondern immer dieser konkrete Fluss, dieses konkrete Meer, dieser konkrete See. Und Wasser ist immer anders. Neutrales Wasser gibt es nicht, nicht einmal im Swimmingpool.

Es gibt ein schönes Zitat in dem heute nicht mehr so bekannten Roman des amerikanischen Schriftstellers John Kennedy Toole, mit dem Titel «Ignaz oder die Verschwörung der Idioten»: «Wenn du jetzt nicht sofort mit diesem Unsinn aufhörst, schicke ich dich nach San Juan zu deiner Mutter, dort kannst du dann lachen und schwimmen und tanzen.»

Hier wird das Schwimmen mit der Mutter hervorgehoben und gleichzeitig eine Sehnsucht (die ich selbst kenne, seit ich denken kann – die Sehnsucht aller Zentraleuropäer nach dem Meer).

Das Wasser, von dem Goethes Ballade «Der Fischer» erzählt, ist ein feuchtes Weib – das lässt allerhand Assoziationen zu, aber weiter beschreibt Goethe dieses Wesen nicht. Er schildert das Wasser, bewegtes Wasser, das rauscht und schwillt, dessen Flut sich teilt, und er lässt das feuchte Weib singen, sprechen – zwei von vier Strophen insgesamt gehören allein ihrer Stimme, zwei Strophen lang ertönt ihr Wassergesang. Doch er gibt dem feuchten Weib keine andere Gestalt als die des Wassers selbst – es ist nicht von Nixen, Seejungfrauen mit Schuppenpanzern, Flossen und fliessendem Haar die Rede. Und als sich der Fischer in ihre Arme begibt, erfahren wir nur, dass ihm ums Herz wurde wie bei der Liebsten Gruss – seiner Liebsten. Die dahinfliessende Verführerin selbst bleibt gestaltlos, sie lockt nicht damit, wie sie aussieht, sie lockt mit dem, was sie sagt und singt.

Wie sehen die Verlockungen des Wassers aus? Das Verb locken kommt in nur zwei Strophen dreimal vor –, worin besteht seine Anziehungskraft? Zunächst wird von dem Gesang des Wasserweibs die Sehnsucht geweckt, wie ein Fisch im Wasser zu sein: Wüsste man, wie wohlig ihm ist auf dem Grund, man würde ihm gleich sein wollen und daran gesunden. Es fehlt dem Menschen etwas, solange er nicht am Wasser, im Wasser ist. Er hat diese Verbindung zu dem Element verloren, und solange er sie nicht wiedererlangt, ist sein Leben unvollständig, halb, auch wenn er diesen Mangel nicht deutlich begreift. Die Wasserlosigkeit ist eine eigentümliche Krankheit:

Erst wenn man sie überwindet und zum Wasser zurückkehrt, spürt man, wie sehr man es entbehrt hat. Von diesem Entbehren schreiben viele Dichter.

Die Bewegung dieser Rückkehr vollziehen in der dritten Strophe Mond und Sonne, sie entsteigen dem Wasser und versinken wieder darin. Ein ewiger Kreislauf der Erneuerung, von verlockender Schönheit. Denn das Wasser ist nicht nur Anfang und Ende, es ist auch der Spiegel aller Dinge. Das Wasser verdoppelt die auf- und untergehende Sonne, die unendliche Tiefe des Himmels, es steigert und verklärt sie. Und es spiegelt den Menschen, es zeigt ihm das eigene Bild und lässt ihn darüber sich selbst vergessen ¬– wie Narziss, der über seinem eigenen Anblick im Wasser vergeht.

Es ist sicher kein Zufall, dass die Einflüsterungen des Wassers in den Lockungen des eigenen Spiegelbildes gipfeln. Und fast scheint es, als täte sich damit ein Widerspruch auf: Was lockt den Fischer am Ende ins Wasser, sein eigenes Spiegelbild oder das feuchte Weib? Und, nochmals, welches Geschlecht hat eigentlich das Wasser, dieses Wasser?

Die Antwort liegt im Wasser und seinem Betrachter gleichermassen: Es zeigt ihm sowohl seine Oberfläche als auch seine Tiefe. Im Wasser spiegelt sich der ganze Mensch, sein Äusseres ebenso wie seine geheimsten Sehnsüchte und Wünsche, es spiegelt sich der Mensch nicht nur als das, was er ist, sondern auch als das, was er sein könnte.

Das Wasser hat das Geschlecht der Sehnsucht und die Gestalt der Verwandlung. Der Fischer sieht in dem rauschenden, schwellenden Wasser nicht nur sich, sondern auch das, was er zutiefst entbehrt. Daher die Anziehungskraft des Wassers auf ihn, die stärker ist als seine Angst, daher der Sog, der ihn erfasst und mit der Macht der Sehnsucht an ihm reisst: Halb zog es ihn, halb sank er hin – er kann dieser Sehnsucht nicht länger widerstehen, auch wenn sich die Schönheit des Wassers zugleich mit Gefährlichkeit paart, auch wenn Wunsch und Angst, Begehren und Grauen im Wasser zusammenfliessen, halb und halb, er kann sich dieser Sehnsucht nicht entziehen, gibt ihr nach. Auch von Rilke gibt es ein Gedicht über das Schwimmen bzw. Baden:

«… wie wenn bei Baden
im Wald die Badende sich unterbricht:
den Waldsee im gewendeten Gesicht.»

Dieses Gedicht mit dem Titel «Die Gazelle» spricht von der Stille der Seen, von dem Ort, wo sich die Grenze zwischen Natur und Kultur verwischt. Schwimmen ereignet sich an ebendieser Grenze, wie eine beständige Suche nach Heimat. Aber kehren wir wieder zurück zum leistungsstarken Schwimmen.

Beim Schwimmen lernt man die Müdigkeit kennen. Jede Schwimmerin kann ein Lied davon singen. Ich habe eine französische Wettkampfschwimmerin interviewt. Oft schon vor dem Schwimmen fange sie an, sich schlaff und schlapp zu fühlen, und stossseufzend komme es ihr wie aus tiefster Seele: «Heute kann ich nicht, heute bin ich wirklich zu müde, ich muss mich hinlegen.»

Der Körper flankiert die innere Kläglichkeit und sendet alle möglichen Signale, um der bevorstehenden Anstrengung zu entgehen: Zeichen der Erschöpfung bis hin zu leichten Krankheitssymptomen, Kratzen am Hals, erhöhter Temperatur und vieles mehr. In den Barfussbereichen der Schwimmhallen wiederhole sich deshalb immer derselbe Dialog: «Ich bin zu kaputt! Ich habe schlecht geschlafen! Ich bin absolut alle!»

Und daraufhin schallt es ungerührt zurück: «Keine Müdigkeit vorschützen!» Wer nicht im Verein schwimmt, sondern sein eigener Antreiber ist, führt diesen Dialog ein ums andere Mal mit sich selbst.

Evolutionsbiologen erklären die Müdigkeitssignale als ein Mittel des Körpers, um Kräfte zu sparen, mit Reserven zu haushalten und für unvorhergesehene Gefahren gewappnet zu sein. Müdigkeit, sagt die Schwimmerin, diene ihr dabei gewissermassen als Sperre, und zwar seit Urzeiten: Sie ist ein Widerstand, der verhindern soll, dass sie sich in ihrem Alltag völlig verausgabe. Deshalb ist Müdigkeit übrigens auch ansteckend. Wenn einige in einem Schwimmteam müde sind, lösen sie mit ihrem Gähnen das Gähnen der anderen aus und bringen die ganze Gruppe dazu, zu pausieren, damit im Ernstfall niemand entkräftet zurückgelassen wird.

Auch John von Düffel schreibt in seiner «Gebrauchsanweisung

fürs Schwimmen» über die Müdigkeit, sieht sie jedoch als etwas, das er an Frauen beobachtet: «Unsere Müdigkeit spiegelt uns die Entkräftung vor, vor der sie uns schützen will. Wir fühlen uns erschöpft, werden aber tatsächlich vor unserer Erschöpfung nur gewarnt.»

Melissa Jeanette Franklin, Dreifachweltmeisterin mit 16 Jahren, war das Supertalent unter den Schwimmerinnen, vorherbestimmt, in Michael Phelps' Fussstapfen zu treten. Mit 22 hatte sie eine Krise. Körperlich sei sie in der besten Verfassung ihres Lebens gewesen, aber mental ging es ihr fürchterlich.

So ergeht es vielen Profischwimmerinnen, die in jungen Jahren Erfolg hatten, unter anderen auch Leanne Shapton, die ein eindrückliches Buch über ihre Jugend in einem Schwimmclub und ihre Suche nach einer Arbeit, die sie erfüllen würde, wenn es mit den Schwimmerfolgen vorbei wäre, geschrieben hat. Sämtliche Gespräche und Träume, Essgewohnheiten und Liebesbeziehungen seien geprägt vom Rhythmus des Trainings und den sportlichen Ambitionen. Ein Leben im Chlor, innerhalb von 50-Meter-Bahnen, sei begrenzt, schreibt sie. Die Mode sei genau vorbestimmt, man trage eine Badekappe, eine Schwimmbrille und eine Sportbadehose, darüber ein weites T-Shirt, wenn der Trainer am Beckenrand aufklärt, wie die Technik zu verbessern sei. Es geht um Leistung, Leistung und nochmals Leistung. Die Autorin stellt den Schwimmsport als eigene Atmosphäre dar. Der Geist komme nicht immer auf seine Kosten, deshalb steigen viele Schwimmerinnen und Schwimmer in einem gewissen Alter aus – sie merken erschreckt, dass sie bislang nur Bahnen gezogen und nicht gelebt haben. Und dass sie bislang Körper und Geist als gewissermassen voneinander getrennt wahrgenommen haben. Der Körper ist fit, aber die Gedanken beginnen zu kreisen.

Michael Phlebs schwamm im Training wöchentlich 80 km. Umgerechnet auf eine 50-Meter-Strecke sind das 1600 Bahnen. Die meisten Freizeitschwimmer kennen 25-Meter-Becken, da bedeutet Michael Phlebs Kilometerschwimmen 3200 Bahnen zu meistern, hin und her, hin und her.

Eine Stelle in Annette Lorys Roman «Meer und Berge» zeigt, dass Autorinnen beim Schwimmen jedoch gut denken können: «Seit Griechenland ging ich mehrmals pro Woche schwimmen, ich kraulte von einem Beckenende ans andere, zählte Längen, addierte, substrahierte – mein Leben minus Mauro, plus Daniel, minus Mani und Vater, obwohl letzterer ja nicht wirklich weg war und in meinem Leben im Grunde genommen einzig der Verlust von Helen wirklich schmerzte. Nichts schien die Freundschaft mit ihr aufwiegen zu können, weder neue Leute, die ich kennenlernte, noch sportlicher Ehrgeiz. Nur meine Haut trocknete im chlorigen Wasser aus und wurde zusehends schuppiger. Ich schwamm dennoch weiter – schwamm unaufhaltbar dem Tag entgegen, an dem ich mich in einen Fisch verwandeln würde.»

Diese Passage zeigt, dass das Bahnenziehen auch eine Gelegenheit ist, über sein eigenes Leben und seine Beziehungen nachzudenken – das Schwimmen ist hier der Weg zur Erinnerung und zur Selbsterkenntnis.

Mit fünfzehn Jahren verliebte ich mich in einen Jungen, der in einem Schwimmclub war. Er war braunäugig, hatte kräftige Arme und Lippen wie Cupidos Bogen. Seine Freizeit verbrachte er fast ausschliesslich im Schwimmbad, und wenn ich ihn nach der Schule sehen wollte, musste auch ich ins Hallenbad gehen. Ich schwamm meine Bahnen langsam und von ihm träumend, während er vom Trainer Anweisungen bekam und im abgesteckten Bereich in demselben Becken Kilometer frass. Beim Schwimmen gibt es nichts zu sehen oder zu entdecken, anders als beim Laufen oder Radfahren. Es gibt keine unterschiedlichen Spielsituationen wie bei Ballsportarten, es gibt keinen direkten Gegner, den man physisch spürt wie im Kampfsport. Man ist alleine mit sich und seinem schwachen Körper.

Ich schielte hinüber zu den Bahnenfressern. Daniel schien sich in einer anderen Welt zu befinden. Er bewegte sich sinnlich durch das Wasser, während ich mein eigenes Gewicht spürte. Nach dem Schwimmen kamen wir uns nahe. An der Bushaltestelle neben dem Hallenbad bekam ich meinen ersten Kuss von einem Jungen, der durch und durch nach Chlor roch. Doch die Liebe war kurz und im Rückblick blieb es beim Anblick seines fast nackten Körpers beim Schwimmen. Er hatte einen breiten Oberkörper, war in der Hüfte schlank und klug genug, sein Leben nicht mit mir teilen zu wollen.

Zur gleichen Zeit ging unter uns Mädchen das Gerücht herum, wer während der Periode und also mit einem Tampon schwimmen gehe, werde gelähmt. Ein Teil von mir glaubte dieses Gerücht, gelähmt zu werden war im Alter von fünfzehn Jahren, wo alle Sinne erwachen, eine schreckliche Zukunftsperspektive. Während meiner Periode blieb ich also wie alle anderen am Beckenrand sitzen und schämte mich – wenigstens war das im Schulunterricht so – und wenn ich mit Daniel schwamm, redete ich über meine Periode.

Ich weiss nicht, welche Mutter dieses Gerücht in die Welt gesetzt hatte – und vor allem weiss ich nicht mehr, wer mich eines Besseren belehrte und mich in dieser Angelegenheit aufklärte. Wahrscheinlich lernte ich durch Beobachtung. «Wenn du hier ins Wasser spuckst», sagte unser Schwimmlehrer manchmal, «dann fliesst es die Limmat hinab in die Aare und weiter in den Rhein und ins Meer.» So dachte er. Ich hingegen dachte: Wenn hier mein Tampon nicht dicht ist, dann fliesst mein Blut in das saubere Schwimmbecken und das ganze Wasser muss ersetzt werden. Ich starrte auf das Wasser und fragte mich, welche Farbe es hatte. Es war weder türkis noch aquamarin, sondern bei aller Klarheit, die die Tiefe vermittelte – kälteblau.

Doch solche Märchen um Frauen und Schwimmen kursierten auch in früheren Zeiten und in anderen Kulturen. 1878 hiess es in einem Schwimm-Leitfaden für Frauen unter dem Stichwort «Eintauchen ins Wasser»: «Dieses Schreckerlebnis zieht für die Nerven der Frauen häufig irreparable Schäden nach sich.»

Ich selbst litt unter schweren Menstruationsbeschwerden. Manchmal wurde ich sogar ohnmächtig und musste erbrechen, da konnte ich an den Tagen nicht einmal daran denken, rauszugehen. Wenn ich im Zirkus den Akrobatinnen zuschaute, dachte ich manchmal, wie es war, jeden Tag und also auch mit der Periode seinen Körper so zu verrenken. Auch Schwimmerinnen sind den männlichen Schwimmern in dieser Hinsicht im Nachteil: Ob ein Wettkampf vor, nach oder während der Menstruation stattfindet, ist entscheidend.

Die frühere deutsche Wettkampfschwimmerin Sandra Völker schreibt in ihrem Lebensbericht, dass das In-sich-Hineinhorchen für das gute Schwimmen notwendig sei. Sie beschreibt es als ständiges Erleben, Erfahren und Mitteilen mit allen Sinnen. Wer das nicht hinkriege, schreibt sie, finde nie heraus, wo versteckte Leistungsreserven schlummerten. Diese Methode verwendete sie sogar in einem intimen Bereich und fand heraus, dass sie in den ersten beiden Tagen ihrer Periode besonders leistungsfähig ist. Also benutzte sie die Pille und einen Kalender, um ihre Tage auf wichtige Wettkämpfe zu verschieben.

Es ist so, der Profischwimmer geht an seine Grenzen. Auf den Punkt gebracht hat dieses Thema Miranda July in ihrer Erzählung «The Swim Team» (dt. «Das Schwimmteam»). Die Ich-Erzählerin Melissa unterrichtet Elizabeth, Kelda und Jack Jack im Schwimmen, und sie macht dies auf dem Trockenen, nur mit Hilfe eines kleinen Beckens, gefüllt mit Wasser, damit ihr Schwimmteam das Atmen erlernen kann. Das Training ist streng: Kelda hat Angst vor der Schüssel. Damit sagt ihr ihr Körper, dass er nicht sterben möchte.

Jack Jack ist wie fürs Schwimmen geboren: Er robbt mitsamt der Schüssel quer durch das Schlafzimmer, verschwitzt und staubbedeckt. Es braucht extrem viel Kraft, um an Land herumzuschwimmen. Mit der Zeit schaffen alle einen Kopfsprung vom Schreibtisch auf das Bett. Das ist eine Leistung, die der humorvollen Trainerin zu verdanken ist. Wer im Wasser eine Top-Leistung erbringen will, muss auch an Land und also im Trockenen trainiert sein, so die These.

Ich habe auf ähnliche Weise gelernt, Klavier zu spielen. Mein Klavierlehrer bat mich, einen Streifen aus Karton herzustellen, die Tasten darauf zu malen und auf diesem selbstgebastelten Klavier meine Etüden zu «proben». Diese Trockenübungen machten mich wütend und traurig zugleich, da ich die schönen Töne vermisste. Und doch muss ich im Nachhinein sagen, dass mir mein so genanntes Kartonklavier auch etwas beigebracht hat – und wahrscheinlich ist das ähnlich der Erfahrung, die eine Schwimmerin mit dem Kopf in einer Wasserschüssel macht: Ich lernte, meine eigene Disziplin zu erleben und meinen Widerstand gegen das richtige Instrument zu kontrollieren.

«Wir haben gelernt, wie die Vögel zu fliegen, wie die Fische zu schwimmen; doch wir haben die einfache Kunst verlernt, wie Brüder zu leben.»

Martin Luther King

Im Zürcher «Tagesanzeiger» des Weihnachtstages 2019 fand ich folgende Notiz über das Trockenschwimmen, eine Liebeserklärung von Ilona Sieber an ihren Vater, den 2018 verstorbenen Pfarrer Ernst Sieber. Dieser hatte ihr und ihrer Schwester auf einer Wiese vor dem «Ferienhüttli» in Ybrig das Schwimmen beigebracht. Sie lagen dabei bäuchlings auf der Wiese. Und die Tochter kommt dabei zum Schluss: «Mit diesem Vater und mit dieser Mutter aufzuwachsen, gab mit den Boden und die Basis, nie aufzugeben, mutig zu sein und zu versuchen, alles im Leben zu meistern.»

Seit Anfang 2018 ist der Schwimmunterricht obligatorisch für alle Schweizer Bürger, auch für die Immigranten aus Ländern, in denen Jungen und Mädchen nicht zusammen den Schwimmunterricht besuchen. Der Besuch des Schwimmunterrichts wird also zum Gradmesser, ob Ausländer genügend integriert sind, um den roten Pass zu erwerben. Auch in Deutschland ist das Schwimmen lernen in der Grundschule obligatorisch.

Der Schwimmunterricht wird somit in der Schweiz als Massenunterricht betrachtet. Ausserdem besteht ganz offensichtlich beim Schulschwimmen ein Wertekonflikt zwischen Religionsfreiheit einerseits und den Erziehungszielen andererseits. Das ist in den deutschsprachigen Ländern nicht neu – und bedenklich. Denn Nacktheit, gerade im Schwimmbad, ist in vielen Kulturen mit Scham beladen.

Michal, eine verheiratete, aufgeschlossene Mitfünfzigerin, die in einer Kleinstadt im Nordwesten Israels lebt, erzählte mir, dass in ihrer Stadt erst vor Kurzem ein Schwimmbad für Araber eröffnet wurde. Davon existierten nur sehr wenige. In öffentliche Schwimmbäder in jüdischen Städten werden Araber nicht hineingelassen. Wenn nicht an ihrem Aussehen, werden sie an ihren vielen Kindern oder ihrer verschleierten Frau erkannt. Man würde den Araber beim Eingang sehr höflich fragen, ob er «Member» sei. Der Araber verneint und wird mit dem Satz abgewiesen: «Sorry, for members only.»

Der Schwimmlehrer an der früheren Schule meines Sohnes war streng. Der Unterricht begann morgens um halb acht, wenn die Schülerinnen und Schüler noch matt sind vom Schlaf. Enge kurze Schwimmhose für die Jungen und Badekappe für die Mädchen und Jungen mit längeren Haaren sind obligatorisch. Einmal durften wir Eltern zuschauen, und ich war überrascht, wie diszipliniert es zu und herging: Einerreihe, Sprung ins Wasser, Strampeln und Kraulen – jedes der Kinder hatte eine Nummer. Wer nicht schaffte, was verlangt war, wurde unter Wasser gedrückt. Mein Sohn hat irrsinnige Angst vor Sprüngen: Wenn er einen Kopfsprung ins Wasser machen muss, glaubt er zu sterben – das wenigstens ist seine Metapher für etwas, das ihn Überwindung kostet. Was für eine Theorie der Lehrer verfolgt, ist unklar – er will bloss, dass keiner seiner Schüler ertrinkt. Er hat also eine schwierige Aufgabe, wie mittlerweile jeder und jede von uns: die, Integration zu betreiben.

Seit 2017 bietet die Asylorganisation Zürich Schwimmkurse für Flüchtlinge an. Schwimmlehrer hätten sich bei der Organisation gemeldet, um freiwillig und kostenlos Flüchtlingen das Schwimmen beizubringen. Denn das tut Not. Von den 57 im Jahr 2017 in Schweizer Flüssen und Seen ertrunkenen Menschen waren mehr als die Hälfte Immigranten.

Bibliotheken und die Geschichte des Schwimmens

Eine Bibliothek, oder auch eine Buchhandlung, ist gar nicht so ein vergeistigter Musentempel, eher eine Art Kinderparadies für Erwachsene, in dem man alles anfassen und befühlen darf.

Und laut darüber reden und diskutieren soll! Wenn ich in einer fremden Stadt bin, drücke ich mich oft in schönen Buchhandlungen herum, lasse mich von Titeln und Umschlägen treiben und lese in Büchern herum, die ich mir nie kaufen würde. Wie wenn man was Leckeres probiert. Mit den echten Buchhändlerinnen kommt man meist wie von selbst ins Gespräch, es sind ja Verbündete, die vom gleichen Suchtstoff abhängig sind.

Bei Einsamkeitsanfällen kann man auch in Bibliotheken gut Asyl finden.

Diese herrlich glattgescheuerten, unendlich scheinenden Lesetische aus Holz machen Lust zum Arbeiten. Die Studierenden sitzen da in langen Reihen wie aufgefädelt, unter grün beschirmten Messinglampen und brüten.

Bibliotheken sind Inseln, auf die man fliehen kann – vor zu vielen Touristen. Oder vor sich selbst. Wo geht man in Zukunft hin, wenn alle ihre Bücher nur noch downloaden?

In der Abteilung Alte Drucke der Zürcher Zentralbibliothek fand ich ein schönes, dünnes Büchlein über das Schwimmen. Es erschien 1538 und umfasst zahlreiche wunderschöne Abbildungen.

«Colymbetes sive de arte natandi dialogus» (Der Schwimmer oder ein Zwiegespräch über die Schwimmkunst) des Schweizer Humanisten Nicolaus Winmann (1510–1550) war das erste Schwimmbuch. Winmann studierte und arbeitete in Zürich, Breslau und Wien und wurde später Sprachlehrer an der Universität in Ingoldstadt. 1531 ist eine Korrespondenz zwischen ihm in Basel und Erasmus von Rotterdam erschienen. In seinem Schwimmbuch geht Winmann davon aus, dass Schwimmen noch immer als etwas Ungewöhnliches gilt, wenngleich er auch schreibt, dass «in Zürich am Limmatquai das ins Wasser Springen und Schwimmen von Kindern selbstverständlich» sei. Das schreibt er im 16. Jahrhundert.

Winmanns Schwimmbuch ist als Dialog aufgebaut zwischen zwei fiktiven Figuren, dem schwimmkundigen Pampirus und dem Nichtschwimmer Erotes. Dabei empfiehlt Pampirus seinem Freund, das Schwimmen den kleinen Tieren abzuschauen: «Du wirst es beinahe spielend lernen, wenn du recht sorgfältig zusiehst, wie die Frösche mit den Hinterbeinen schwimmen.»

«Das ist ja zum Lachen.»

«Wieso?»

«Glaubst du, es würde sich für den Menschen schicken, von einem so kleinen Tierchen etwas lernen zu wollen oder lernen zu können?»

«Warum denn nicht?»

«Ich sollte einen Frosch als Lehrer und Unterweiser anerkennen?»

Genau das war zu der damaligen Zeit ein ideologisches Problem. Wenn doch der Mensch die Krone der Schöpfung war, warum sollte er dann von einem so niedrigen Tier wie dem Frosch etwas lernen? Konnte Gott das gewollt haben? Das fragten sich die Kirchenleute und fanden: Nein. Sie setzten Nicolaus Winmanns Schwimmbuch auf den Index. Natürlich haftet dem Schwimmen immer etwas Rituelles an. Wasser wird gesegnet und auf die Stirn geträufelt. Wasser reinigt. Wasser nimmt die Asche der Toten auf – es ist das Medium, das uns in und durch die Welt trägt.

Doch auch bei Wettkämpfen spielt die Zurschaustellung des fast nackten Körpers eine Rolle. Die Briten sind wahrscheinlich die ersten, die das Schwimmen im Sinne eines Sports verstanden. 1837 entwickelte sich in den ersten Hallenbädern Londons das moderne Wettkampfschwimmen. Die National Swimming Society legte die ersten Wettkampfregeln fest. Geschwommen wurde entweder Brust- oder Seitenschwimmen. Die Frauen durften erst 1912 erstmals bei Wettkämpfen teilnehmen.

Der amerikanische Schriftsteller Francis Scott Fitzgerald hat nach «The great Gatsby» eine Erzählung mit dem Titel «Der Schwimmer» vollendet. Dabei dachte er vielleicht an seine Frau Zelda, die als junges Mädchen für ihre Schwimmkünste berühmt gewesen war. Später führten die beiden ein exzessives Leben mit Partys und viel Alkohol. In der Geschichte «Der Schwimmer» trifft Fitzgeralds Held Henry Clay Marston ein Mädchen am Strand. Er fragt, «Warum schwimmst du?», und die Antwort trifft ihn mitten ins Herz. «Um rein zu werden», sagt sie. Die Literatur sieht hier vielleicht schärfer hin als die Trainer und Funktionäre es tun.

Frauen wie Männer machen eine Verwandlung durch, wenn sie aus dem Wasser steigen, jedenfalls ist es das, was ich verspüre, wenn ich mein eigenes Befinden nach ein paar Bahnen befrage. Ich komme von der Leichtigkeit zurück in die Schwere. Von dem Flow, wie der Psychologe Mihály Csíkszentmihályi meint, zurück in die wöchentliche Agenda. Schwimmen hat etwas von Grund auf Richtiges, wie alle fliessenden, gleichsam musikalischen Aktivitäten.

Aber bleiben wir in England: Der Meister der Literatur, William Shakespeare, hat ein Gedicht zum Thema Lärm geschrieben (Hallenbäder und Meere sind nämlich auch Orte des Lärms): «Ans Land geschwommen wie eine Ente, das schwör ich dir. Sei nicht in Angst! Die Insel ist voll Lärm, voll Ton und süsser Lieder, die ergötzen und niemand Schaden tun.»

Dieses Zitat stammt aus «The Tempest» und stellt einen herrlichen Vergleich dar, dass nämlich Tiere nicht so anders sind als Menschen.

Olympiaden gab es schon immer, winters wie sommers. Profischwimmerinnen erzählen immer wieder, dass es ihnen vorkommt, als finde die Olympiade nicht alle vier, sondern alle zwei Jahre statt. Das hat mit diesem veränderten Zeitgefühl zu tun. Sie trainieren Stunden um Stunden, Wochen und Jahre lang, um bei einer Olympiade genau zwei Minuten im Wasser zu sein. Danach beginnt der Taumel. Und das erneute Training. Dort werden die einzelnen Abläufe immer und immer wieder trainiert: Der Pfiff, bei dem sich die Schwimmer hinter den Startblock stellen, das Besteigen des Startblocks und die wenigen Sekunden bis zum Startpfiff und Sprung ins Wasser. Dieser Ablauf muss sitzen; wer zu früh im Wasser ist, wird disqualifiziert. Der Mensch «verwandelt» sich also auf dem Startblock in einen Delphin, der nur noch das Wasser und bald das Ziel vor Augen hat …

Ein Geständnis

Ich selbst kann nur schlecht schwimmen, und es liegt in der Natur der Sache, dass mich selbst ein solch unspektakuläres Bekenntnis einige Überwindung kostet. Ich besuchte mit neun in der Schule den Schwimmunterricht. Wir mussten im See hundert Meter Brust schwimmen, und ich fragte mich die ganze Strecke, ob ich das schaffen werde. Meine Beine machten keine saubere Fröschchenbewegung, sondern das rechte Bein schlackerte irgendwie nach innen. Ausserdem hatte ich Mühe mit dem Atmen (als Kind litt ich an Asthma, mein Vater rauchte im Wohnzimmer Zigarre!).

Ich schaffte dennoch die hundert Meter, war stolz und fragte mich die ganze Zeit, ob das bedeutete, dass ich nun schwimmen konnte – oder ob schwimmen können hiess, den ganzen See zu überqueren. Ich erinnere mich, dass mir die gleiche Selbstbefragung nachging, als ich zweihundert Meter schwamm, und erst, als ich mit zwölf Jahren erstmals den Zürichsee schwimmend überquerte, war ich mir sicher, dass ich nun schwimmen konnte. Aber ich schwimme einen schlechten Stil, das hat sich seit meiner Kindheit nicht geändert. Manchmal, wenn ich bewusst darauf achte, versuche ich auch die rechte Hüfte nach aussen zu kugeln. Aber nach ein paar wenigen Schwimmzügen bemerkte ich meine körperliche Erschöpfung, und mein Bein schlackert wieder wie gewohnt nach innen, sodass ich leichter vorwärtskomme.

Diesen ästhetischen Mangel habe ich von meinem Vater geerbt. Wenn er Brust schwamm, wedelte er mit den Beinen hastig auf und nieder, während er mit den Armen langsame und gleichmässige Bahnen zog. Kam eine Welle, so drehte er sich schnell auf den Rücken, denn auch er getraute sich nicht, den Kopf unter Wasser zu tauchen. Es gibt ein Foto aus den Siebzigerjahren, auf dem ich – einen Monat nach meinem fünften Geburtstag – während eines Badeurlaubs an einem italienischen Strand ins Zimmer meiner Eltern laufe und am walartigen Riesenkörper meines Vaters herumzerrte. «Komm, wir gehen schwimmen.» Er drehte sich mir langsam zu und machte ein Auge auf. «Was fällt dir ein, einen alten Mann von zweiundfünfzig Jahren um sechs Uhr früh zu wecken?»

Was das Schwimmen betrifft, verlegt sich jetzt meine ganze Hoffnung auf meinen Sohn: Ich will, wenn er einmal gross ist … und wenn er im See schwimmen geht, dass er lautstark kraulend ältere Frauen überholt, dass er das Rettungs-Brevet besitzt und ertrinkende Kinder rettet, dass er ohne Angst vom Zehnmeter springt und vielleicht sogar einmal schwimmend den Ärmelkanal überquert. Leider bin ich ihm in dieser Hinsicht ein denkbar schlechtes Vorbild.

Mit meiner Mutter war es anders. Sie konnte nur schlecht schwimmen, hatte sich das Schwimmen mit den Kindern beigebracht und ging überaus vorsichtig ins Wasser (meine Mutter war im Puschlav aufgewachsen, dort wurde nicht geschwommen). Einmal zog sie ihre Badekappe an und ging mit mir an der Hand zum Bademeister.

«Beobachten Sie mich?», fragte sie.

Der Bademeister zögerte, war erstaunt und auch ein wenig erschreckt ob dieser Frage und sagte: «Nein, ich beobachte Sie nicht.»

Er dachte wohl, meine Mutter fühle sich in ihrem Badekleid mit Blumenmuster beobachtet, und er wehrte dies ab. Dabei wollte meine Mutter bloss, dass er schaue, dass sie auch wieder zurückschwimmt, sie hatte das Wörtchen «bitte» vergessen und somit ein Missverständnis provoziert.

Der Schriftsteller Aharon Appelfeld beschreibt in seinem Roman «Meine Eltern», wie er seine Eltern beim Schwimmen beobachtete: Manchmal schien es ihm, dass sich seine Eltern nur einig waren, wenn sie gemeinsam schwammen. Sie schwammen gut, rhythmisch, und es tat dem Knaben leid, dass er noch immer nicht schwimmen konnte. Die Bauernkinder machten von Tag zu Tag Fortschritte bei ihren Sprüngen. Sie liessen sich von der Strömung tragen, leicht und sicher, ohne überflüssige Bewegungen. Nur ihm fiel es schwer, schwimmen zu lernen.

Er, als Kind von Akademikern, das hauptsächlich von Erwachsenen umgeben war, machte die Beobachtung, dass Bauernkinder besser schwimmen konnten. Das besagt zunächst nur, dass sein Verhältnis zum eigenen Körper ein anderes ist – oder dass ihm sein eigenes Alter erst im Anblick der anderen bewusst wird. Immer wenn seine Eltern im Wasser sind, nimmt er sie als Paar wahr. Ausserhalb des Wassers sind sie getrennt, getrennt wohl auch von ihm, dem Kind.

Aharon Appelfeld musste als Kind jüdischer Eltern in der Bukowina vor den Nazis fliehen – er floh in einen Wald und ernährte sich eine Zeitlang von dem, was er dort fand. Dass er so schön übers Schwimmen schreibt, führt vor, dass er das, was er erlebt hatte, mittels Literatur in etwas Schönes umwandeln konnte und damit eine gewisse Resilienz besass.

Der amerikanische Dichter und Philosoph Ralph Waldo Emerson (1803–1882) schreibt an einer Stelle: «Lebe in der Sonne, schwimme im Meer, trinke die kühle Luft!» Das kann für Länder stimmen, die ans Meer grenzen. In der Schweiz ist dies nicht so leicht.

Immer wieder wird in den Medien verbreitet, dass frühes Schwimmenlernen essenziell für die Zukunft eines Menschen und dessen

Leistungsfähigkeit sei. Deshalb lernen viele Kinder heutzutage schon mit drei Jahren schwimmen.

Auf den Karolinen im Pazifischen Ozean können alle schwimmen, Nichtschwimmer gibt es dort keine, und die Schwimmkünste der Insulaner sind einzigartig.

Davon verblüfft, verglichen Magellan und andere Seefahrer, die im 16. Jahrhundert nach Mikronesien kamen, die von Welle zu Welle springenden Insulaner mit Delphinen. Insbesondere die Kinder fühlten sich im Wasser derart zu Hause, dass sie einem Forscher «mehr Fischen als Menschen zu gleichen schienen». Die Menschen dort lernten vielleicht – wie überall auf der Welt – das Trockenschwimmen.

Profischwimmerinnen werden oft gefragt, in welchem Alter sie schwimmen gelernt haben, und ob es einen Unterschied zwischen Liebe zum Wasser und Leistung gebe. Ich glaube, es ist auch eine Frage nach dem Ursprung: Woher kommt eine besondere Leidenschaft? Kommt sie davon, weil die Eltern diese Leidenschaft vermittelt haben, kommt sie von einem guten Trainer und verständnisvollen Vorbild, oder kommt sie von der Anziehung des Wassers selbst?

Wenn es ums Wasser oder ins Wasser geht, sind sich die meisten Redensarten einig: Unisono beschwören sie Gefahren, Ängste, Untergang. Vom Schweigen und der Unbeschreiblichkeit des Wassers – die meisten Profischwimmer können nicht sagen, wann und warum sie so gerne schwimmen gelernt haben – ist auch das Schwimmen erfasst. Wo immer die Bewegung im Wasser an Momente von Auflösung oder gar Verschmelzung heranreicht, ist die Sprache suspekt. Die Logik besteht auf dem Unterschied, auf dem Entweder-Oder von Schwimmer und Gewässer. Hier der Mensch, der seine nackte Haut retten will, da das feindliche Element, das sein Untergang zu werden droht. Ein Drittes gibt es nicht, keine Berührung von Schwimmer und Wasser über jede Verschiedenheit hinaus.

Es ist so: Entweder man kann schwimmen oder nicht.

Schwimmen ist eine mathematische Gleichung aus Wasser und Körper. Und es ist ein Symbol. Oder wie es Martin Walser (1927–2023), der Dichter des Bodensees, noch viel poetischer auf den Punkt gebracht hat: «Dem Schwimmen ist, was den Zusammenklang von Tun und Lassen angeht, nichts vergleichbar.»

Dabei beobachte ich, dass auch Männer im Wasser merkwürdige Menschen sind, jedenfalls fällt es mir auf, wenn ich meinen Mann und meinen Sohn beobachte. Je näher ein Kleidungsstück der eigenen Haut kommt, desto weniger Sorgfalt lassen sie walten. Das gilt selbst für die modebewusstesten Vertreter der männlichen Spezies. Auch wenn sie sich Anzüge in der Preislage eines Mittelklassewagens schneidern lassen und lieber einen guten Freund verlieren, als neben jemandem zu stehen, dessen Krawatte farblich nicht zu ihnen passt – bei der Unterhose endet das Prestigedenken abrupt. Kleidung ist in Männeraugen nur das, was man sieht. Sie ist ein sehr vernachlässigter Teil. Im Schwimmbad bemerkt man, dass die Badehose vielfach über den Status einer Unterhose nicht hinausgekommen ist.

Wenn man sich ernsthaft in das Phänomen der Badehose vertieft, nehmen die Absurditäten kein Ende. Aberwitzig ist schon allein die Vorstellung, ein Mann könne morgens vor dem Kleiderschrank stehen und sich fragen: «Welche Badehose ziehe ich heute bloss an?»

Mein Mann und mein Sohn jedenfalls besitzen nur eine, während ich mich vor jedem Schwimmgang frage, ob ich nun einen Bikini, einen Burkini, meine Sportbadehose oder Oben ohne tragen möchte. Der Bikini hat das Zeug zum Fetisch. Modedesigner und Statiker brüten über der vollkommenen Architektur des Bikini-Oberteils. Sie träumen den uralten Traum von der Trägerlosigkeit, während sich die Verpackungskünstler über die Bikinihose hermachen, um das weibliche Bein durch immer raffiniertere Hüftausschnitte ins Unendliche zu verlängern. Der Bikini basiert auf dem Prinzip der optischen Täuschung. Er scheint Nacktheit zu präsentieren und besteht doch in der hohen Kunst des Ausschnitts. Sein Bekenntnis zur Haut ist nur die eine Seite, die andere ist Geheimnis und Verheissung.

Im Roman «Mein Leben als Sohn» von Philip Roth wünscht sich der kleine Philip eine neue Badehose, eine grössere, längere, die sein Geschlecht vollständig bedeckt. Die Mutter fragt: «Eine grössere Badehose für so ein kleines Ding?» – und der Sohn antwortet: «Ja, Mama, für so ein kleines Ding.»

Das ist ein kleiner und äusserst intimer Wortwechsel zwischen einer Mutter und ihrem Sohn, zärtlich – und welthaltig. Das Beste, was es zum Thema Badehose zu sagen gibt. In einem Interview mit einer Journalistin gab der 70-jährige Philip Roth preis, dass er täglich nach dem Frühstück und vor dem Schreiben schwimmen gehe.

Überhaupt zeigt sich das Mutter-Sohn-Verhältnis anhand des Schwimmens in einem ganz besonderen Licht: In Karl Ove Knausgards Roman «Spielen», einem Band aus seiner mehrteiligen autobiographischen Projekt «Mein Kampf», gibt es eine Stelle, in der der kleine Karl Ove nach langem Bitten und Betteln einen Schwimmkurs besuchen darf. Alle Kinder müssen eine Badekappe tragen, und die Mutter verspricht ihrem Sohn, bis zu Beginn des Kurses eine zu kaufen. Sie vergisst es und muss knapp vor dem Kurs noch eine kaufen. Und was macht sie? Sie bringt eine Damenbadekappe mit Blümchennappen zurück … Wieder ist ein Schwimmutensil Anlass zur Scham.

Das Fluide

> *«Keiner von uns kommt hier lebend raus. Also hört auf,*
> *Euch wie ein Andenken zu behandeln. Esst leckeres Essen.*
> *Spaziert in der Sonne. Springt ins Meer. Sagt die Wahrheit*
> *und tragt Euer Herz auf der Zunge. Seid albern. Seid freundlich.*
> *Seid komisch. Für nichts anderes ist Zeit.»*
>
> Anthony Hopkins

Mein Sohn hat mir heute einen lustigen Film von Mister Bean gezeigt, einen, der in einem Schwimmbad spielt: Mr. Bean versucht erstmals von einem Fünfmeterbrett zu springen und macht allerlei Verrenkungen, weil er grosse Angst vor dem Sprung hat. Am Schluss hält er sich nur noch mit einer Hand am Sprungbrett fest – und lässt endlich los, als ein Junge ihm auf die Hand steht. Danach, endlich im Wasser und schwimmend, merkt er, dass er seine Badehose verloren hat. Ein kleines Mädchen fischt sie aus dem Wasser und watschelt damit ihren Eltern hinterher aus dem Schwimmbad – nun muss Mr. Bean sich den Bademeistern in seiner elenden Nacktheit zeigen.

Jetzt muss ich kurz etwas zu meiner Schriftstellerei sagen: Sie ist vollständig meinem ehelichen Chaos ausgeliefert. Fünf bis sechs Stunden am Tag, sieben Tage die Woche ging ich in die Bibliothek und liess Papier durch meinen Computer laufen; was an Prosa entstand, war entweder von laienhafter Durchsichtigkeit – das Mass an Phantasie hätte gerade genügt, um einen Schuldschein oder die Gebrauchsanweisung auf der Rückseite einer Waschmittelpackung zu formulieren – oder derart zusammenhanglos und verschwommen, dass ich beim Durchlesen selbst im Dunkeln tappte, mit dem Manuskript in der Hand zu Hause gebeugt durch unsere Wohnung schlich wie eine der Figuren aus Breughels «Blindensturz» und laut aufschrie: «Wo war ich, als das hier geschrieben wurde?»

Und ich fragte, weil ich es nicht wusste. Ich merke es selbst: alle paar Wochen ändert sich der gesamte Kurs dieser Erzählung mitten im Satz, und im Laufe eines Monats verschwindet meine Schreibtischplatte jedesmal unter zahllosen gleichermassen unbefriedigenden Varianten des einen unvollendeten Kapitels, das mich in den Wahnsinn treibt.

Sir Lawrence Alma-Tadema, <u>1836</u>–<u>1912</u>, Der Kuss. Alma-Tadema
war *der* Historienmaler des victorianischen Zeitalters. Badeszenen
waren sein Metier. Vor dem Ersten Weltkrieg waren seine Bilder bis
zu damals unglaublichen 10 000 Pfund wert, nach dem Krieg keine
100 Pfund.

2

Schwimmen und Wollust:

Mit Russell in der Sauna

Es ist so, als würde man in einer Sauna körperliche Übungen machen.
Und ausser Sex fällt mir eigentlich nichts ein,
was man in einer Sauna überhaupt machen würde.

David Coulthard

John Cheever (1912–1982) hat eine berühmte Kurzgeschichte zum Schwimmen geschrieben. Sie beginnt so: «Er streifte den Pullover ab, der über seinen Schultern hing, und sprang ins Wasser. Für Männer, die sich nicht kopfüber in Schwimmbecken stürzten, empfand er eine unerklärliche Verachtung. Er schwamm mit kräftigen Kraulschlägen, holte entweder nach jedem vierten Schlag Luft und zählte im hintersten Winkel seines Bewusstseins das Eins-zwei, Eins-zwei seines Beinschlags mit. Dieser Stil war für längere Strecken ungeeignet, aber mit der Ausbreitung des Schwimmsports hatten sich bestimmte Gepflogenheiten herausgebildet, und in dieser Gegend der Welt war es nun einmal üblich zu kraulen. Von dem hellgrünen Wasser umschlossen und getragen zu werden, kam ihm nicht wie ein Vergnügen, sondern wie die Rückkehr in einen Naturzustand vor, und er wäre gern ohne Badehose geschwommen, doch bei seinem Vorhaben war das unmöglich. Auf der anderen Seite zog er sich am Beckenrand hoch – die Leiter benutzte er nie – und lief über den Rasen. Als Lucinda fragte, was er vorhabe, erwiderte er, er wolle nach Hause schwimmen.»

Hier begegnen wir der Metapher des Nachhauseschwimmens.

Die Geschichte spielt an einem Sonntag. Alle haben am Samstag Party gemacht und zu viel getrunken; es herrscht eine müde Stimmung bei den Westerhazys am Pool. In der Gegend leben viele reiche Leute, Leute, die einen Garten mit einem Pool besitzen. Das Nachhauseschwimmen bedeutet in diesem Fall: durch alle Pools der Nachbarschaft schwimmen und dabei beobachten, wie die Menschen leben, denn genau das macht unser Held: Er schaut, ob die Menschen nackt sind oder angezogen, ob sie Alkohol trinken oder gerade Sex hatten et cetera. Er schaut, ob die Pools sauber sind – es ist eine Art Reise, die er so unternimmt, eine Reise zu sich selbst. Es ist auch die Geschichte einer Erschöpfung, die Geschichte einer durchgezechten Nacht und der Müdigkeit danach. Der Ich-Erzähler wankt vor Müdigkeit – sechs Kilometer ist er schliesslich nach Hause geschwommen, durch verschiedene Pools von Nachbarn, durch verschiedene Kälte- und Wärmegrade, durch Pools von Ex-Geliebten.

Als er zu Hause ankommt, sieht er, dass sein Haus leer ist, dass seine Frau Lucinda wahrscheinlich bei den Westerhazys zum Abendessen geblieben ist. Zum ersten Mal ist er es, der sich verlassen fühlt und vor Erschöpfung zu weinen beginnt, nicht seine Freundinnen, von denen er sich getrennt hat.

Diese siebzehnseitige Erzählung ist perfekt komponiert, sie ist an einem einzigen Tag, nämlich an einem Sonntag angelegt, und man sieht einen Mann, der sich verändert, der sich im Wasser verwandelt, dessen Schwimmstile sich immer wieder ändern: zu Beginn springt er ins Wasser und nimmt die Leiter nicht, am Ende heisst es: «Auf dem Weg zu den Clydes wankte er vor Müdigkeit. Er paddelte durch ihr Schwimmbecken, musste jedoch immer wieder anhalten, um mit der Hand am Beckenrand zu verschnaufen. Er kletterte die Leiter hinauf und fragte sich, ob er noch die Kraft habe, sich nach Hause zu schleppen. Er hatte sein Vorhaben in die Tat umgesetzt und war durch den ganzen Bezirk geschwommen, doch er war so erschöpft, dass sich kein echtes Triumphgefühl einstellen wollte. Gebeugt, sich an den Torpfosten abstützend, bog er in die Einfahrt seines eigenen Hauses ein.» Diese Stelle zeigt, wie müde das Schwimmen macht – und wie gut man danach schlafen kann.

Das Meer vermittelt vielen Schriftstellern ein Heimatgefühl, so zum Beispiel dem schwedischen Schriftsteller Henning Mankell: «Er, der nicht einmal sicher gewesen war, ob es das Meer wirklich gab, der geglaubt hatte, es sei vielleicht eine Erfindung des Vaters. Jetzt sah er es vor sich und hatte sofort dieses Heimatgefühl.»

Ein Mensch kann sich also irgendwo zu Hause fühlen, wo er noch nie gewesen war. Oder ist es in unser Bewusstsein eingeschrieben, vom Augenblick unserer Geburt an, als grundlegender menschlicher Zug, dass wir uns alle in der Nähe des Meeres zu Hause fühlen müssen?

Marie Antoinette, eine französische Freundin von mir, hat mit 40 Jahren schwimmend den Ärmelkanal überquert.

Sie hatte immer, wenn sie verschwitzt bei mir zu Hause ankam, eine Badehose dabei, und auch sie erzählte, dass sie beim Schwimmen ein herrliches Gefühl von Freiheit erlebe. Unbeeindruckt von den Menschen und der Architektur um sie herum, zieht sie sich um, nähert sich dem Wasser und springt hinein. Und in der Untiefe, wo sie die ersten Schritte ins Wasser macht und die Sonne geniesst, fühlt sie sich angekommen bei sich, angekommen in ihrem Körper.

An einer anderen Stelle im Roman «Meine Eltern» des Schriftstellers Aharon Appelfeld heisst es: «Es ärgert mich, dass meine Schwimmkünste trotz aller Bemühungen meiner Mutter immer noch bescheiden sind. Wenn ich besser schwimmen könnte, hätte ich mich den jungen Mädchen angeschlossen, hätte mein Zögern überwunden und wäre zudem ständig besser geworden.»

Das erinnert an einen zentralen Moment in einem anderen wichtigen literarischen Werk: der «Recherche» von Proust, genauer an die Stelle in «À L'Ombre des jeunes Filles en Fleur», wo sich der junge Erzähler Marcel, das Alter Ego von Proust, aus gesundheitlichen Gründen in Balbec am Meer befindet und auf der Strandpromenade einer Schar junger Mädchen in Sportkleidung begegnet. Es handelt sich in beiden Stellen um den ersten Blick eines gesundheitlich schwachen Jungen auf die Mädchen. Doch was die Mädchen treiben, bleibt an beiden Stellen ausgespart. Nur: sie tragen Sportkleidung. Im einen Fall eine Badehose, im anderen Fall ein Tennis-Outfit. Und verführen so die erwachsen werdenden Jungen.

Sogar in Hölderlins berühmter Schrift «Hyperion» kommt das

Schwimmen vor; dann nämlich, wenn Hyperion in Griechenland seiner geliebten Diotima nahekommen möchte: «Dass ja das gute Meer nicht ruhig bleibe, damit ich nicht ein Holz mir zimmerre und hinüberschwimme zu ihr. Aber in die tobende See will ich mich werfen, und ihre Woge bitten, dass sie an Diotimas Gestade mich wirft.»

Auch hier geht es um eine Verführung beziehungsweise darüber, eine Strecke zu schwimmen, um zu der Geliebten zu kommen – was bei hohem Wellengang nicht ganz leicht ist. Man merkt Hölderlins Begeisterung für Griechenland und die Antike, es spiegelt aber auch einen Zeitgeist, denn die Sprache ist wunderbar altmodisch.

Wenn Leute schwimmen oder Tennis spielen,
weil sie abnehmen wollen,
gehen Spass an der Sache und sportlicher Geist oft verloren.

Lester Pearson

Wie schon angedeutet, war auch der Neurologe und Autor Oliver Sacks ein leidenschaftlicher Schwimmer. Er sagt von sich, er sei zu einem Schwimmer geworden, weil sein Vater schwamm – «obschon sein langsamer, gemessener, Kilometer verschlingender Stil (er war ein kraftvoller Mann, der an die 114 Kilogramm wog) für einen kleinen Jungen nicht sonderlich geeignet war: «Ich konnte jedoch sehen, wie sich mein Alter, der an Land so massig und schwerfällig war, im Wasser in einen eleganten Tümmler verwandelte.»

Und er selbst, der gehemmt, nervös und ebenfalls eher ungelenk war, stellte bei sich die gleiche wunderbare Verwandlung fest. «Ich fand im Wasser ein neues Wesen, eine neue Daseinsform.»

Irgendeiner meiner Freunde war in meiner Jugend immer im Freibad Seebach, denn das Quartier im Nordosten von Zürich hat das schönste Bad in der Umgebung. Es gibt eine Riesenrutsche von mehr als dreissig Metern Länge, ein Schwimmbecken und ein Sprungbrett. Die Liegewiese ist etwas mickrig, deswegen fand man sich schnell, stückelte sein Handtuch und gab sich in Kleingruppen der sommerlichen Dreifaltigkeit aus Eis, Pommes und Chlorbecken hin.

Man cremte sich Sonnencreme mit einstelligem Schutzfaktor auf den Rücken und sah so manche körperliche Versehrtheit aus nächster Nähe, vom abgeschossenen Fuss eines Deutschen, der im letzten Krieg geblieben war, über Hautunebenheiten, die damals noch nicht weggelasert wurden, bis hin zum Contergan-Kind. Schwimmbäder sind für alle da, man schaut gnädig über die Makel anderer hinweg. Toleranz gegen körperliche Andersartigkeit lernt man nur in öffentlichen Bädern.

Ein tolles Kinderbuch handelt davon: Will Gmehlings Roman «Freibad. Ein ganzer Sommer unter dem Himmel.» Für den zehn Jahre alten Alf und seine jüngeren Geschwister Katinka und Robbie wird ein Kindertraum wahr: Sie können einen Sommer lang jeden Tag ins Freibad. Im Hallenbad haben die drei ein Kleinkind vor dem Ertrinken gerettet und dafür alle drei eine Saisonkarte für das Freibad erhalten – fast zu schön, um wahr zu sein, denn die Familie hat wenig Geld, Dauerkarten wären nie und nimmer drin gewesen. Die Folge: vom Tag der Eröffnung am 15. Mai bis zur Schliessung am 15. September, hundert Tage lang, sind sie jeden Tag im Freibad zu finden. Direkt nach der Schule, in den Ferien, bei Regen und Sonne – einmal sogar verbotenerweise nachts. «Es war fast, als würden wir im Schwimmbad wohnen.»

Dabei hat sich jedes der Geschwister ein Ziel gesetzt: Robbie will endlich richtig schwimmen können, Katinka Französisch lernen und zwanzig Bahnen am Stück kraulen, Ich-Erzähler Alf vom Zehn-Meter-Turm springen. Und dann kommt für ihn auch noch die Liebe ins Spiel.

Sonne und Eis, Chlorgeruch, Pommes, Sprungturm-Träume und Bademeister-Albträume – vordergründig passiert nicht viel in Will Gmehlings Sommergeschichte. Die Tage kommen und gehen, ähneln einander, und doch durchläuft jedes der Kinder eine Entwicklung, reift an den Erfahrungen des Sommers. Das geschieht sanft und leise, fast unmerklich, und ist gerade deshalb spannend zu lesen.

Das Freibad in Seebach ist der proletarische Bruder des Seebades. Er nimmt alle auf, die es nicht an die Adria oder in die Karibik schaffen und nicht einmal an den Boden- oder Genfersee. Ohne die Seebäder wäre das Schwimmbad niemals in die Welt gekommen, denn zunächst musste sich das Konzept des Freiluftbadens im damals sehr schamhaften Europa überhaupt etablieren. Das gelang vor allem mit Hilfe ärztlicher Empfehlung. Das Wasser als solches, in welcher Darreichungsform auch immer, hatte jahrhundertelang keinen guten Ruf. Man scheute den Kontakt mit ihm, wenn es nicht abgekocht daherkam, und stieg als zivilisierter Bürger nur hinein, wenn es sich in Zubern befand, und das – im Gegensatz zu östlichen Kulturen, die das Bad im Hammam oder Onsen zelebrieren – auch eher selten.

Der Imagewandel vollzog sich um die Mitte des achtzehnten Jahrhunderts. Es half, dass der südenglische Arzt Dr. Richard Russell im Jahr 1747 begann, die Heilkräfte des Seewassers zu erforschen, und ein europaweites Wasserrehabilitierungsbuch mit Bandwurmtitel schrieb. Die Hinwendung zu Luft, Wasser und Natur entsprach dem Zeitgeist; in Deutschland entwickelten Johann Sigmund Hahn und sein Bruder Johann Gottfried Hahn – man nannte sie die zwei «Wasserhähne» – gerade die Hydrotherapie.

«Unterricht von Krafft und Würckung des frischen Wassers in die Leiber der Menschen», heisst das Werk von Johann Sigmund von 1749, dessen Titel eigentlich noch viel länger ist; weiter geht es mit «… beonders der Kranken bey dessen innerlichen und äusserlichen Gebrauch, welchen aus deutlichen durch die Erfahrung bestätigten Vernunft-Gründen erhellt.»

Allerdings startete die Hydrotherapie erst hundert Jahre später so richtig durch, als der junge Philosophiestudent und spätere Pfarrer Sebastian Kneipp (1821–1897) die Wasserhahnschen Ratschläge am eigenen lungenkranken Leib in der Donau ausprobierte und bald darauf gesundete.

Es half dem Image des öffentlichen Badens aber schon vorher mindestens ebenso, dass sich in England der künftige König Georg IV. (1752–1830), damals noch Prinz von Wales, sehr für die Russellschen Lehren begeistern liess, die bis heute unter dem Begriff Thalasso-Therapie überlebt haben, und des Sommers zusammen mit der besseren Gesellschaft seines Landes in ein Fischernest namens Brighton reiste. Natürlich badete er nicht selbst, der Prinz liess sich baden. Die durchwegs kräftig gebauten Damen und Herren, die dafür abgestellt waren, den Nichtschwimmeradel ins kühle, heilende Seewasser zu tunken, nannte man «Dipper». Georg blieb seiner Dipperin zeitlebens treu. Sie hiess Martha Gunn und brachte es zu einiger lokaler Berühmtheit. Im Stadtmuseum von Brighton hängt bis heute ihr Porträt.

Was der Thronfolger tut, das kommt unweigerlich in Mode. Und wenn sich die gesamte feine Gesellschaft nun sommers an die Küste begibt, entsteht eine gewisse Infrastruktur, die bald zur Blaupause sämtlicher Seebäder Europas werden sollte: helle, zierliche Architektur, Promenaden und Parks mit hübschen Laternen, Bänken und Pavillons, Piers, auf denen sich flanieren lässt, dazu einiges an Amüsement, das den Besuchern die Zeit vertreibt und den Einheimischen Arbeit und Einkommen bringt.

Zunächst ging es nur um die therapeutische Berührung mit dem Wasser, eigenständiges Schwimmen gehörte noch nicht zum Gesundheitsprogramm. Das änderte sich erst später und nur sehr langsam. Dafür musste die Bevölkerung nicht nur ihre Berührungsängste gegenüber dem Wasser, sondern auch die gegenüber dem Konzept der körperlichen Ertüchtigung abbauen.

Was für die feinen Leute gut ist, das will bald jedermann. 1822 liess Philipp Emanuel von Fellenberg auf dem Landgut Hofwil in der Schweiz ein künstliches Schwimmbad mit Sprungturm erbauen. Dies nachdem einer der Zöglinge der dortigen «Erziehungsanstalt für Söhne höherer Stände» beim Baden im Moossee ertrunken war. Im selben Jahr 1822 wurde die «Akademische Badeanstalt» unterhalb des Bundeshauses mit einem von der Aare gespeisten Badebecken eröffnet. Es existierten noch andere Namen wie «Schwimmschule», «Badweiher», «Kaltbadanstalt» und «Fröschenweiher». Sie sind die vermutlich ersten künstlich erbauten Freibäder der Schweiz und die zweiten respektive dritten Europas.

Anfang des 20. Jahrhunderts ging es dann richtig los mit dem Freibadbau. Das war die Zeit, in der jedermann turnte und gymnastische Übungen machte, in der man wanderte und eben auch schwimmen lernte. Und das tat man nicht einsam für sich, wenn auch nicht gänzlich zusammen, sondern sozial getrennt zwischen Arbeiter-Sportvereinen und solchen der gehobenen Schichten. Aber immer fand die Anleitung in der Gruppe statt. In ganz Europa gründeten sich flächendeckend Sportvereine, und diese brauchten eine Infrastruktur, auch zum Schwimmen. Vor allem in der küstenfernen Schweiz wurden an Flüssen und Seen Badestege angelegt, man leitete Bäche in Becken um und errichtete Waldschwimmbäder. Es ging, im Gegensatz zum vornehmen Seebad, im volksnahen Freibadbecken nie um Repräsentation, es ging um den gesunden Leib.

So holte Europa also auf einen Schlag nach, was man jahrhundertelang vernachlässigt hatte – das gemeinsame Bad. Und so kommt es wohl, dass das Freibad noch immer ein wenig nach Volksgesundheit müffelt, egal, wie sehr man ihm mittels Spass-Elementen wie Riesenrutschen oder Wasserspielplätzen einen Erlebnischarakter aufzuzwingen versucht. In seinem Kern ist es noch immer die Ertüchtigungs- und Reinigungsanstalt, als die es meist gegründet wurde. Bis heute kommen am Morgen die Frühschwimmer, die von Saisonbeginn bis Saisonende bei jeder Aussentemperatur ihre Bahnen ziehen, später die Familien und am Nachmittag die Schüler. Die Contergan-Kinder sind erwachsen geworden, die kriegsversehrten Deutschen sterben langsam weg, dafür schaut man jetzt auf missratene Tätowierungen.

Doch was treiben die Mädchen, nach denen sich die Knaben Appelfeld und Proust so sehnten? Im Wasser leben die Nixen, Meerjungfrauen und Wasserfrauen. Der Name «Nixe» kommt vom althochdeutschen nihhus, niccus oder nichessa, was jeweils «Wassergeist» bedeutet. Eine andere etymologische Ableitung führt ihn auf das lateinische necare («töten») zurück. Charakteristisches Merkmal der Nixen ist, dass sie den Männern Gefahr, Schaden und Tod bringen. Häufig betören bzw. verführen sie Männer und ziehen sie hinab auf den Grund von Flüssen und Seen. Wasserfrauen hingegen sind Figuren aus Märchen, Sagen und Mythen zahlreicher Kulturen. Das charakteristische Merkmal der Wasserfrau ist ihre positive Einstellung zu dem Menschen. Als «Wassermutter» spendet sie Leben, Schutz und Segen, als «Wasserfrau» heiratet sie einen menschlichen Bräutigam und schenkt ihm ihre Liebe.

Und die Meerjungfrau ist ein weibliches Fabelwesen, ein Mischwesen aus Frauen- und Fischkörper, und ihr charakteristisches Merkmal ist ihre Erlösungsbedürftigkeit.

Geht man heute ins Freibad, sieht man immer wieder kleine Mädchen, die mit einem Meerjungfrauengewand ins Wasser steigen. Handelt es sich dabei um Nixen, Meerjungfrauen oder kleine Wasserfrauen? In der tiefenpsychologischen Deutung ist die Meerjungfrau eine Form des Mutterarchetyps, eine Ausprägung der so genannten «Anima». Anders als bei den schützenden Wasserfrauen und den bedrohlichen Nixen kommt bei der Meerjungfrau aber eher der Aspekt des schutz- und erlösungsbedürftigen Weibchens zum Ausdruck. Wenn also der Junge in Aharon Appelfelds Erzählung wie seine Mutter besser schwimmen möchte, um zu den Mädchen zu gehen, bedeutet das auch, dass er sich von seiner Mutter lösen und selbst erwachsen sein möchte. Ein gesunder Entwicklungsschritt.

Einer der grössten Fans von Swimmingpools und ein Multiplikator ihres Mythos ist David Hockney. Der Maler war im England der Nachkriegszeit in einer, wie er sagte, «radikalen Arbeiterfamilie» aufgewachsen und hatte Hunger und Rationierung kennengelernt. Schon vor seinem ersten Aufenthalt in Kalifornien Anfang der sechziger Jahre wusste er instinktiv, dass er es mögen würde: «Und als ich über San Bernardino flog und die Swimmingpools und die Häuser und die Sonne sah, war ich begeisterter, als ich es je gewesen war, wenn ich in irgendeiner Stadt ankam.»

Dass am 15. November 2018 ein von ihm gemalter Swimmingpool zum damals teuersten Bild eines lebenden Künstlers avancierte (rund 90 Millionen Dollar), hätte Hockney sich damals sicher nicht gedacht. Zwar stammt es nicht aus seiner berühmten Serie der kalifornischen Pools, sondern beruht auf dem Foto eines Schwimmbeckens in Südfrankreich («Portrait of an Artist, Pool with Two Figures», 1972). Aber der ewige Erfolg seiner Pool-Bilder zeigt, dass er damit einen Nerv traf. Subtil betrachtet geht es in ihnen um Wasser, Licht und Transparenz, um Oberflächen und darum, was darunterliegt. Etwas handfester gesehen, repräsentieren sie Hedonismus, sexuelle Freiheit und Lebenslust.

Erscheint ein Pool im Film oder in der Fotografie, sind Sonne, die Sinnlichkeit nackter Haut (und die Farbe Knallblau) nicht weit. Am schönsten aber sind die menschenleeren Pools, im Bild wie in der Wirklichkeit. Vom unberührten Wasser eines Schwimmbeckens geht eine magische Anziehungskraft aus. Unter der glitzernden Oberfläche will man verschwinden, wie im berühmtesten aller Hockney-Bilder, «A Bigger Splash» (1967), wo gar keine Figur mehr zu sehen ist, sondern nur noch das Spritzen des Wassers beim Sprung.

Der japanische Wissenschaftler Masaru Emoto hat sich fest mit dem Wasser und dessen «Gesundheit» beschäftigt. Gesundes Wasser bildet, wie Emoto herausgefunden hat, sechseckige Kristallstrukturen, und «krankes» Wasser tut dies nicht. Gesund ist reines Quellwasser und Wasser, das mit Liebe behandelt wurde. Krank sind fast alle Leitungswasser, Wasser aus umgekippten Seen, Wasser, das Gifte enthält oder in die Mikrowelle gestellt wurde. Aber Emoto geht noch weiter: Auch die Beschallung mit moderner Musik, Hardrock und Heavy Metal sowie das Anbringen von missachtenden Worten mache das Wasser «krank» und verhindere eine schöne Kristallbildung.

Ich bin überzeugt, das Wasser ist das verbindende Element zwischen Menschen. An und im Wasser ist der Mensch glücklich, nicht umsonst baut er seine Städte an Flüssen, Seeufern und Meeresbuchten.

In Kurt Wiesners Buch «Natürlicher Schwimmunterricht» wird auf die Kälte- bzw. Wärmewirkung des Wassers eingegangen: «Der plötzlich beim Hineingehen in das Wasser eintretende Temperaturunterschied zwischen Haut und ihrer Umgebung drängt das Blut durch Verengung der Hautarterien in das Körperinnere zurück. Dadurch wird die Haut abgekühlt und der Wärmeunterschied zwischen Haus und umgebendem Wasser ausgeglichen, sodass eine neue Durchblutung der Haut (Wiedererweiterung der Hautarterien) als Reaktion auftritt, der bei erneuter Erwärmung der Körperoberfläche durch das Blut wieder eine Zusammenziehung der Hautarterien mit Zurückdrängen des Blutes in das Körperinnere folgt. Dieser Wechsel kann mehrmals stattfinden, solange die glatten Muskeln der Hautarterien nicht durch zu starke Abkühlung vorübergehend gelähmt werden. Man soll jedoch das Wasser vor Eintritt dieser Lähmung verlassen.»

Auch hier ist – wie von unserer Müttergeneration, die davor warnte, mit einem Tampon ins Wasser zu gehen – von einer Lähmung die Rede. Vielleicht sind wir im oder am Wasser einfach heimischer als auf dem Festland. Vielleicht ist genau das Festland unser Problem.

Meine junge Freundin K. geht das ganze Jahr über ins Wasser und schwimmt eine kurze Strecke. Sie war vor diesem eigentümlichen Projekt bei ihrem Hausarzt und hat ihm von ihrem Plan erzählt – sie erklärte ihm, sie sei schon im Alter von einem Jahr geschwommen. Er untersuchte sie gründlich und meinte, dass das Schwimmen das ganze Jahr über für den Körper eine Extremsituation bedeute.

Herman Melvilles Erfahrungen in der Südsee, von denen er in seinem Buch «Vier Monate auf den Marquesas-Inseln oder Ein Blick auf polynesisches Leben» erzählt, überzeugten sie davon, dass wir alle eine natürliche Neigung zum Wasser haben: «Eines Tages, als ich mit Kory-Kory zum Strom gegangen war, um zu baden, bemerkte ich ein Weib, welches mitten im Strom auf einem Felsen sass und mit dem lebhaftesten Interesse die Sprünge eines Geschöpfes betrachtete, das ich von Weitem für eine grosse Art von Frosch hielt, der nahe bei ihr im Wasser spielte. Durch den Reiz des Neuen angezogen, watete ich zum Ort, wo sie sass, und konnte kaum meinen Sinnen trauen, als ich ein kleines Kind erblickte, dessen Geburt noch nicht vier Tage her sein konnte, und welches umherruderte, als sei es eben zur Oberfläche gestiegen, nachdem es in der Tiefe sein Dasein empfangen.» Da sind sie wieder, die Oberfläche und die Tiefe. Die zwei Kategorien, die nicht nur das Leben, sondern auch einen guten Text ausmachen.

Wenn in der Kunst von der Kehrseite der Poolträume die Rede ist, geht es gern um unterdrückte Begierden und geheime Aktivitäten. Vielleicht ist deshalb die Metapher vom Haifischbecken so beliebt. Es gibt eine Welt über und eine unterhalb der verlockenden Oberfläche. In Billy Wilders «Sunset Boulevard» (1950) ist es ein ebenso unglücklicher, aber mittelloser Autor, der als Treibgut endet: «Armer Trottel, er wollte immer einen Pool haben.»

Der amerikanische Schriftsteller David Foster Wallace, der im September 2008 mit nur 46 Jahren starb, begann eine Rede, die er 2005 bei der Abschlussfeier eines US-Colleges gehalten hatte, mit einer kleinen Geschichte: Zwei junge Fische begegnen schwimmend einem alten Fisch, der in die Gegenrichtung schwimmt. Der alte Fisch fragt im Vorüberschwimmen: «Na, wie gefällt euch das Wasser?» Die jungen Fische schwimmen zunächst noch ein Stück weiter, dann fragt der eine den anderen verwundert: «Was zum Teufel ist Wasser?!»

Das Leben wird durch solche Paradoxien bestimmt: Viele für den Menschen lebensnotwendige Faktoren werden erst dadurch erkannt, dass sie nicht vorhanden waren. Mit dem Sinn verhält es sich ganz ähnlich wie mit dem Wasser bei den jungen Fischen. Wer in seinem Leben nie einen Mangel an Sinn erlebt hat, wer nie die Qual erlebt hat, die ein Mensch erleidet, dem das Gefühl für den Sinn des eigenen Lebens abhandengekommen ist, dem wird die Frage nach dem Sinn wahrscheinlich genauso unbegreiflich erscheinen wie den beiden jungen Fischen die Frage nach dem Wasser. Doch Sinn, so glaube ich, macht die Liebe – auch dies zeigt die kleine Geschichte mit den Fischen. Der ältere Fisch wollte die jüngeren auf ihr eigentliches Fisch-Sein hinweisen, wollte ihnen etwas zeigen.

Wie es ist, das erste Mal im Meer zu schwimmen und auf diese Weise die Liebe zum Wasser zu entdecken, zeigt sich in Wolf Haas' Roman «Junger Mann»: «Ich zog mich schnell aus, dass ich schon hinter ihm im Wasser war, bevor er richtig auftauchte. Dann schwamm ich wie ein Irrer mehrere Minuten lang hinaus, als müsste ich noch vor Mittag in Thessaloniki sein. Als wäre ein Motor in mir angesprungen, den ich nicht mehr abstellen konnte. Ich musste an den Epileptiker in unserer Schule denken, der einmal vor meinen Augen zuckend umgefallen war, so unkontrollierbar trieb mich mein Schwimmkrampf durchs Meer. Als das Zappeln endlich aufhörte, schwamm ich trotzdem nicht zurück. Ich liess mich von der Strömung weiter hinaustreiben. Vielleicht war ich doch von der Klippe gesprungen, und das war jetzt der Moment, wo man unten nicht aufschlug, weil man die Arme und die Beine wegstreckte und elegant hinaussegelte. Es war so ein wahnsinnig gutes Gefühl, dass ich beschloss, nie wieder an Land zu gehen.»

Das, was da beschrieben wird, nennen die Psychologen einen Flow. Der junge Mann wird im Wasser mit sich selbst eins und lässt seine Liebe fliessen.

Dieses erste Mal im Meer schwimmen ist auch mir noch in bester Erinnerung. Ich sah das Meer zum ersten Mal vom Zug aus, als ich mit meinen Eltern siebenjährig an die Adria fuhr. Den Streifen Blau zwischen den Häusern entdeckte ich auf der Höhe von Genua, und mich erfasste eine Liebe und Vorfreude, die ich heute kaum zu beschreiben vermag. Aber es war ähnlich wie bei Wolf Haas: Ich stellte mir vor, darin schneller und weiter zu schwimmen, als der Zug zu fahren vermochte. Und ich stellte mir vor, niemals mehr aus dem Meer herauszukommen. Diesen Flow, der das Zeitgefühl aufhebt und den ich vom Schwimmen kenne, kenne ich auch vom Schreiben. Nämlich dann, wenn ich mir vornehme, beim Schreiben meine Liebe zum Wasser fliessen zu lassen.

Gleich darauf erschrecke ich und sage mir, das ist doch kitschig. Aber es ist eben auch schön, wie ein Bach, der fliesst. Flow bedeutet schliesslich fliessen, fliessen wie ein Bach. Beim ersten Mal schwimmen erfährt man einen Adrenalinstoss – man erlebt, wie der junge Mann in Wolf Haas' Roman das tut, wie das Leben in den eigenen Körper fährt, vergleichbar mit einem epileptischen Anfall. Diesen Adrenalinstoss erfährt man auch, wenn man sich zum ersten Mal verliebt.

Von der Erotik und der Wollust des Schwimmens schreibt auch Robert Walser in seinem Roman «Der Gehülfe» von 1908: «Er (Joseph) schwamm weit hinaus, es war ihm so wohl zumute. Welchem Badenden und Schwimmenden, wenn er nicht gerade am Ertrinken ist, ist es nicht wohl zumut? Es kam ihm vor, als wölbe und runde sich die heitere, warme, glatte Seeoberfläche. Das Wasser war frisch und lau zugleich. Vielleicht strich ein leiser Windzug darüber her, oder irgendein Vogel flog über seinen Kopf, hoch in der Luft, daher. Einmal kam er einem kleinen Boot nahe, ein einzelner Mann sass drin, ein Fischer, der friedlich den Sonntag verangelte. Welche Weichheit, welche schimmernde Helle. Und mit den nackten empfindungsvollen Armen macht man Schnitte in dieses nasse, saubere, gütige Element. Jeder Stoss mit den Beinen bringt einen ein Stück vorwärts in diesem schönen, tiefen Nass. Von unten her wird man von warmen und kühlen Strömen gehoben. Den Kopf taucht man, um den Übermut in der Brust zu bewässern, auf kurze Zeit, den Atem und den Mund und die Augen zudrückend, hinab, um am ganzen Leib dieses Entzückende zu spüren. Schwimmend möchte man schreien, oder nur rufen, oder nur lachen, oder nur etwas sagen, und man tut's auch.»

Robert Walser, der Meister der Selbstverkleinerung, hat hier seinem Joseph Marti, wie der Gehülfe heisst, ein vollkommenes Glücksgefühl angedichtet. Zugleich ist dieser Abschnitt voll von Stimmungen vom Anfang des Jahrhunderts, die Robert Walser mit höchster Präzision einzufangen vermochte.

Beim Schwimmen empfinde auch ich das Glück voller Wucht: Wenn beim Schwimmen ein paar kräftige Züge die kribbelnde Kälte vertreiben und die ersten Sonnenstrahlen auf die spiegelglatte Seefläche fallen, flutet es plötzlich den ganzen Körper. Für ein paar Sekunden ist das reine Dasein zu spüren und die Zeit aufgehoben. Doch so stark der Moment, so rasch ist er vorbei, die Harmonie mit der Welt ist flüchtig und bald nur noch Erinnerung. Manchmal meine ich, das Glück auch ganz verloren zu haben, und wenn ich es nicht mehr finde, suche ich es ganz in Büchern.

Wegen all der Auswüchse der Glücks-Ratgeber ist es in der Regel empfohlen, das Glück einfach zu erleben und nicht lange darüber zu lesen – zuweilen kann es einem gerade so wieder entgehen. Der Ethnologe Marc Augé hat ein Buch über das Glück des Augenblicks geschrieben: Glück, meint er fast entschuldigend, könne sich trotz allem entwickeln und sich der widrigen Weltlage entgegenstellen. Denn ein Ich, das sich spürt, setzt seine Identität stets in Relation zu Individuen, die mit und neben ihm leben. Das zeigt sich für mich zum Beispiel im Akt des Schreibens: da lebe ich von der Hinwendung zu einem, wenn auch unbestimmten anderen: dem Leser bzw. der Leserin (auch wenn es nur einer ist).

Massagen waren in den römischen Thermen üblich. Hier eine visuelle Rekonstuktion der Vorgänge.

3

Schwimmen und Angst:

Mit Kierkegaard auf dem Sprungbrett

«Um springen zu lernen,
muss ich ins Wasser gehen, sonst lerne ich nichts.

August Bebel

Ich wurde einmal interviewt. Ich sass auf einem Klappstuhl aus Metall. Vor mir stand ein Tisch, die Platte war aus schwarzem Holz, darauf stand ein Pappbecher, dem Geruch nach zu urteilen, war darin ein Pfefferminztee. Auf der anderen Seite des Tischs sass der Agent Alibaba. Er trug ein kariertes Hemd, wie ich es aus Cowboyfilmen kannte, die Wand hinter ihm war von einem riesigen Spiegel bedeckt. Natürlich war der Spiegel von hinten durchsichtig, auf der anderen Seite sassen meine Eltern, mein Bruder, meine zwei Schwestern, meine Onkel und Tanten, mein inzwischen verstorbener Deutschlehrer, ehemalige Kommilitoren und Klassenkameraden, mein Klavierlehrer sowie eine unbestimmte Anzahl von interessierten Leserinnen und Lesern – ich kann sie nicht sehen, weiss aber, dass sie da sind.

Alibaba sagte, er wolle mir einzelne Begriffe nennen und ich solle ihm sagen, welche Assoziationen mir dabei in den Sinn kommen. Also los!

«Sprungbrett.»

«Da gehe ich nicht mehr drauf, ich bin ja schon neunzig.»

«Tauchen.»

«Ich war einmal mit einem Ethnologen in der Südsee und habe

unzählige Korallen und Fische im Wasser gesehen – nicht in einem Film, sondern in echt. Andererseits: Günther Wallraff ist getaucht.»

«Nackt sein.»

«Nicht jetzt. Ich bin zu schüchtern.»

«Damit kann man tauchen und schwimmen.»

«Cipralex.»

«Wie bitte?»

«Cipralex.»

«Kenn ich nicht.»

Ich faselte weiter, taumelte, merkte aber, wie sich trotz Cipralex mein Gewissen bemerkbar machte.

Eine Rauchwolke kräuselt sich zur Decke, als ich Alibaba anschaue, sehe ich, sie kommt aus seinem Mund. Während ich mich noch darüber wundere, dass mein Über-Ich raucht, hat Alibaba seine Zigarre schon wieder an die Lippen geführt, tief inhaliert und mir den Inhalt seiner Lungen in die tränenden Augen geblasen. «Soso, gute Frau», sagte er. «Sie wollen also eine Schwimmerin sein.»

«Ich will nicht», protestierte ich. «Ich bin eine Schwimmerin.»

Allibaba stiess verächtlich Luft durch die Nase und lehnte sich zurück. «Dann erzählen Sie mir mal.»

Natürlich bin ich mir manchmal unsicher, ob ich denn befugt bin, über das Schwimmen zu schreiben.

Ab nagensten wurden diese Zweifel, als ich an der Ampel vor meinem Haus einen Zettel hängen sah: «Schwimmen ist eine soziale Situation. Empfinden Sie beim Schwimmen starke oder anhaltende Angst? Befürchten Sie, dass Sie untergehen können? Können Sie sich nicht vorstellen, nackt zu schwimmen? Können Sie nicht kraulen? Falls Sie eine oder mehrere Fragen mit ‹Ja› beantwortet haben, erfüllen Sie die Voraussetzungen, um an unserem Forschungsprojekt im städtischen Hallenbad teilzunehmen.» Ja, dachte ich, Ja, ja, ja. Ich riss den Zettel mit der Telefonnummer ab und versteckte ihn in meiner Handtasche.

Doch kurz darauf war ich verunsichert. Obwohl das Inserat auf Papier und mit seriösem Stempel des örtlichen Hallenbads ausgeschrieben war, dachte ich, es handelte sich möglicherweise um einen Scherz. Gab es andere Menschen wie mich, die Angst hatten? Meldeten die sich auch? Musste man von Sprungbrett springen? Musste man kraulen können? Das waren so Fragen, die mich beschäftigten.

Ich nahm an dem Kurs nicht teil. Zum Teil, weil ich ein Mensch bin, der alle Theorie der Praxis vorzieht, zu einem anderen Teil, weil ich mir vorstellte, in diesem Schwimmkurs mit Menschen zusammenzukommen, die waren wie ich. Mit anderen Worten: Ich hatte Angst, mir selbst zu begegnen. Und doch war ich einmal an einem Tag im Schwimmbad, als so ein Kraulkurs für Frauen stattfand.

Zufällig traf ich eine Bekannte, die dabei mitmachte. Es war Samstagmorgen und die Sonne schien an einer Seite ins Wasser und machte es hell und durchlässig. Diese Frau erzählte mir von ihrem Schwimmerlebnis: Immer wenn sie unter Wasser vom Schatten in die Sonne tauche, sei sie unglaublich glücklich, ein Glück, das sich kaum in Worte fassen liesse, sie mache diesen Kurs nur, um dieses Glück immer und immer wieder zu erfahren. Sie mache unter Wasser die Augen auf und sehe nur Licht. Obwohl sie zu Beginn des Kurses Angst gehabt hatte.

Hier ist es also wieder, das grosse Wort: Angst. Was ist Angst?

Der Begründer des Existenzialismus, der dänische Philosoph Sören Kierkegaard, hat die Angst als grundlegendes Lebensgefühl der Moderne gesehen. In seinem Werk «Der Begriff der Angst» vertritt er die Auffassung: «Es muss jeder lernen, sich zu ängstigen, denn sonst geht er zugrunde dadurch, dass ihm nie angst war, oder dadurch, dass er in der Angst versinkt. Wer hingegen gelernt hat, sich recht zu ängstigen, der hat das Höchste gelernt.»

Nachrichten über das Schwimmen sind meist mit Situationen der Gefahr verbunden, woraus sich schliessen lässt, dass viele zwar schwimmen konnten, aber keineswegs begierig darauf waren, es zu tun. Von dem altrömischen Helden Horatius Cocles wird berichtet, er sei bei der Verteidigung Roms in voller Rüstung in den Tiber gesprungen und habe sich dadurch retten können – kein Wunder, dass seine Mitbürger ihm dafür ein Denkmal errichtet haben.

Doch schauen wir uns die Angst bei Lebensbeginn an. In dem Ratgeber von Jean Fouace, «Babys lernen schwimmen», wird die Angst von Säuglingen im Wasser beschrieben: «Die Kinder vergnügen sich ganz besonders gern im Wasser, sofern es nicht zu tief ist; wenn es nämlich tief ist, beginnt eine heimtückische Bedrohung, welche Angst auslöst, und zwar eine der Urängste, die das menschliche Wesen instinktiv fühlt, und die es Wasser mit Tod verbinden lässt.»

Doch wie kann ein kleiner Mensch, der im Fruchtwasser heranreifte, instinktiv Angst haben vor dem Element, in dem es sich befand? Das Fruchtwasser besteht zu über 98 Prozent aus Wasser, der Rest sind Alkalichloride und organische Stoffe. Noch einmal, was ist Angst?

Ein Unruhegefühl bei Gefahr oder beim Gedanken an Gefahr. Wenn wir dieser Definition der Académie Française zustimmen, müssen wir uns dann nicht fragen, ob das Neugeborene nicht vor allem anderen Angst haben sollte, ausser vor Wasser. Das Unbekannte verursacht meistens ein Unruhegefühl; bei der Geburt muss dem Neugeborenen daher die Luft oder die Schwerkraft seiner neuen Umwelt, die es kennenlernt und die es zu erdrücken scheint, unsympathisch sein. Die Wassertiefe ist ihm unwichtig, da es ja nicht untergeht und vor der Leere keine Angst hat.

Einmal war ich mit meiner Cousine und ihrem Sohn am See. Es war ein heisser Sommertag, wir redeten am Ufer über Kunst und Literatur, bis ihr Sohn sagte, er wolle schwimmen gehen. Er ging tatsächlich ins Wasser, während wir Frauen weiterredeten. Da stand meine Cousine auf. Um in dem nahegelegenen Kiosk ein Eis zu kaufen – und in dem Moment, als sie nicht da ist, fängt ihr Sohn im Wasser an zu schreien: Hilfe! Hilfe! Er gehe unter, er könne nicht schwimmen. Ich und noch ein Mann, der sich ebenfalls am Ufer aufhielt, sprangen sofort hinein, um ihn zu retten. In diesem Augenblick kam seine Mutter mit einem Eis in der Hand zurück – lauthals lachend über die Szene. Viele Wochen später habe ich meine Cousine gefragt, weshalb sie in diesem Moment, da ihr Sohn beinahe ertrunken ist, gelacht habe, und sie hat gesagt: Ich wusste, er kann schwimmen. Er wollte mir nur Angst machen.

«Weißt du, was du tun musst,
wenn du frustriert bist?
Schwimmen, einfach schwimmen.»
Finding Nemo

Ich betrachte die Leute in den Häusern gegenüber. Auch sie betrachten mich, wir fliehen nicht voneinander, manchmal lächeln wir uns kurz an, vielleicht hat uns der Regen milde gemacht. Am eindrucksvollsten ist im Augenblick ein junger Mann, Vater von zwei Mädchen, der Kakteen auf seinem Balkon pflanzt und die aus dem Topf gefallene Erde sorgsam zu einem Häufchen zusammenkehrt, das Häufchen dann aber liegenlässt und es zuweilen von seiner Wohnung aus betrachtet. Von mir aus müsste es keine gewichtigeren Ereignisse geben. Ich bin froh, dass es regnet.

Der griechische Philosoph Empedokles (um 492–432 v. Chr.) nimmt vier Elemente an, die durch die Kräfte Liebe und Hass bewegt werden: Wasser, Erde Feuer und Luft. In der Liebe bilden sie eine homogene Einheit, während sie durch den Hass getrennt werden. Sind beide Kräfte miteinander streitend wirksam, so entstehen durch die Mischung der Elemente die konkreten Dinge. In der Wahrnehmungslehre vertritt Empedokles die Ansicht, dass von den Dingen ausgehende Ausflüsse in die Öffnungen der Sinnesorgane eindringen, wenn diese genau zusammenpassen. Gleiches also nur durch Gleiches erkennbar ist. Doch was hat Empedokles mit der Angst vor dem Wasser zu tun?

Ich wurde einmal interviewt. Das ist der erste Satz, den ich in diesem Kapitel geschrieben habe. Was ist autobiografisch?, lautet die im Laufe eines Schriftstellerlebens meist gestellte Frage. Sie entspringt dem uralten Bedürfnis des Lesers oder Zuhörers, sich zu vergewissern, ob der Erzähler einer Geschichte weiss, wovon er spricht. Für mich ist Schreiben genauso wie Schwimmen ein Akt der Verwandlung, das Hineindenken und -fühlen in ein Element. Erst, wenn es mir gelingt, die Welt mit den Augen des Wassers zu sehen, bin ich auch in der Lage, eine Sprache für dieses Element zu finden. Die Frage «Wie schreiben Sie?» ist deshalb meine Angstfrage. Um die Peinlichkeit nicht jedes Mal ausufern zu lassen, habe ich mir angewöhnt, schnell das Thema zu wechseln. Ein, zwei Bemerkungen, und ich gelange vom Schreiben scheinbar zwanglos zum Schwimmen.

Ich ziehe Parallelen zwischen der Endlosigkeit des glatten, kachelblauen Wassers vor dem Startsprung und den langen Strecken weissen Papiers am Anfang eines Textes. Ich vergleiche den berühmten ersten Satz mit dem Moment, in dem ich beim Schwimmen, als sei es zum ersten Mal, spüre, wie das Wasser geht. Was also brauche ich zum Schreiben? Dasselbe wie zum Schwimmen: vor allem Disziplin. Und ganz viel Wasser. Während ich diese Seiten schreibe, habe ich schon viermal mein Glas Wasser nachgefüllt – über das Wasser und das Untergehen in dem Element schreibt es sich besser mit Wasser als mit Alkohol.

Walter König, der Bademeister des Flussbades Oberer Letten in Zürich sagt: «Der Mensch geht lautlos unter. Ein Ertrinkender ruft nicht um Hilfe, wie man das vielleicht aus Filmen kennt, sondern er versinkt ohne ein Wort oder Ruf. Jedes Jahr sterben hier sicher zwei Menschen, und durchschnittlich 17 Mal retten wir einen vor dem Ertrinken.»

Die Lakonie, mit der Walter König von seiner täglichen Arbeit spricht, ist erschütternd. Er ist der Chef eines fünfköpfigen Bademeisterteams, das am Zürcher Limmatufer zum Rechten schaut.

Beim Joggen schalte man den Kopf ganz aus, und plötzlich sei man eine Stunde gerannt. Beim Schwimmen hingegen könne man sich nur schlecht selbst vergessen, hier müsse man sich konzentrieren. Wer das nicht tue, gehe unter, so jedenfalls die Sicht des Bademeisters. Er hat eine verantwortungsvolle Aufgabe: Im Abstand von 50 Metern sitzen sie am Ufer und beobachten mit dem Feldstecher die einzelnen Schwimmstile. «Man sieht, wer Angst vor dem Wasser hat», sagt Walter König. «Viele Menschen spielen mit dem Ertrinken – und dann springen wir ins Wasser und zeigen, dass es kein Spiel ist, zeigen, dass wir nicht umsonst hier sitzen, sondern dass wir die Gefahren sehen.»

Einmal – das ist jetzt schon einige Jahre her, aber das Bild hat sich mir tief eingeprägt – fuhr ich mit meinem Partner in Südostasien mit einem Schiff auf dem Fluss. Wir waren mehrere Tage auf diese Weise unterwegs, die Landschaft zog an unseren Augen vorbei, wir

Touristen sassen an Deck, diskutierten und schauten aufs Wasser. Vielleicht lag es an der Hitze, vielleicht an der Fremdheit der Umgebung, jedenfalls zogen sich die Tage in die Länge und ich wurde apathisch – auch, als ich im Wasser die Leiche eines Kindes erblickte, eines Mädchens, kaum acht Jahre alt. Der Körper trieb mit dem Rücken zur Sonne an der Wasseroberfläche, während der Kopf unter Wasser tauchte und nur die Haare noch sichtbar waren.

Ich starrte auf das leblose Kind und stellte bei mir keinerlei Reaktionen fest, weder rief ich den anderen zu, sie sollten schauen oder wir sollten das Boot anhalten und das Kind aus dem Wasser holen, noch dachte ich an dessen Eltern oder daran, dass hier in der Nähe jemand sein Kind vermisste und vielleicht dankbar wäre, man hätte es gefunden. Heute schäme ich mich für mein Gähnen, das einzig mir half, diesen unrealen Moment zu fassen. Solche Dinge passieren eben, werde ich gedacht haben. Der Tod hat ein Existenzrecht.

Wenn ich später diese surreale Szene, die sich weitab der Zivilisation hertrug, jemandem erzählte, wurde ich gerügt für meine Handlungsarmut, doch glaube ich, dass man sich selbst nicht richtig einschätzt. Hätte das Mädchen noch gekämpft, hätte ich wohl anders reagiert, aber die unumstössliche Tatsache, dass das Mädchen nicht mehr atmete, liess mich na ja – es bleibt ein trauriges Bild in meiner Erinnerung.

Im neusten Roman des Isländers Bergsveinn Birgissons, «Die Landschaft hat immer recht», vergleicht der Philosoph Gusi die Frauen mit Fischen: «Frauen, sagte Gusi, sind wie alle anderen Fische auch. Man muss diese Fische lesen können. Frauen sind Wellen, die zu befahren man lernen muss.»

Der Vergleich von Frauen mit Wasser ist treffend. Nicht umsonst ist Gusi Philosoph. Ich selbst habe unseren Sohn im Wasser geboren. Wellen machte ich mit meinen Wehen, die kamen und gingen. Ich habe mich im Wasser sehr entspannt und hatte somit eine leichte, siebenstündige Geburt – aber meine Güte, welche Angst habe ich davor ausgestanden!

Diese Angst kehrt wieder, wenn ich in öffentlichen Gewässern auf dem Sprungbrett stehe oder auch nur auf einer Mauer, von der aus ich ins Wasser springen soll. Dann stelle ich mir das Wasser voller

Schlamm und Aalen vor. Situationen, in denen ich weder Kind noch Erwachsene bin, sondern mich in der weiten, grauen Zone dazwischen befinde – irgendwie ein herrliches Gefühl. Das Schöne ist das Gefährliche, und das Gefährliche ist das Schöne. In der Faszination der Grenzenlosigkeit berührt sich eins mit dem andern, und so wie das Schöne sind auch die Gefahren vielfältig und verwandlungsreich. Letztlich gehen sie alle zurück auf den klassischen Fehler des Menschen im Umgang mit der Natur: Hochmut. Wir überschätzen uns, unsere Kräfte und Möglichkeiten.

Ich wohne in der Nähe eines Flussbads, von der aus man eine gute Sicht auf eine Betonbrücke hat. Jeden Sommer machen sich einige junge Menschen das Spiel, von der hohen Brücke ins Wasser zu springen. Es ist eine Mutprobe – und für viele braucht es Überwindung. Jeder Sieg über die Angst vor dem Sprung ist immer auch ein Verstoss gegen die Vernunft, nicht nur als Begleiterscheinung, sondern als notwendige Bedingung.

Junge Frauen stehen oben auf der Brücke, und wagen zunächst nicht, runterzuspringen. Sie werden angefeuert von jungen Männern: Los, spring, mach es, sei mutig. Aber auch andere Stimmen sind zu hören, wie: Schau zu dir, mach es nicht für andere, spring nicht, du könntest dir wehtun. Mir persönlich gefällt es, wenn Menschen aufeinander achtgeben und füreinander da sind.

Dabei kommt mir eine andere Geschichte in den Sinn, und ich erlaube mir die kleine Abschweifung. Ich hatte einmal die Gelegenheit, einen Nachmittag mit dem Schriftsteller und Nobelpreisträger Imre Kertesz zu verbringen. Er war zwei Tage in Zürich in einem Hotel untergebracht, und sollte vor vielen seiner Leserinnen und Leser auftreten. Ich war weit jünger als er und vielleicht auch ein wenig vorlaut, aber ich hatte alle seine Bücher gelesen, bewunderte ihn und sein schriftstellerisches Können, und deshalb fragte ich ihn, wie er sich seinen eigenen Tod vorstelle beziehungsweise wo er gerne beerdigt werden wolle – er hatte als Kind das Konzentrationslager Auschwitz erfahren und überlebt und in seinem «Roman eines Schicksallosen» auch darüber geschrieben, hatte es während des Kommunismus in Ungarn ausgehalten und lebte, seit seine Bücher weltweit rezipiert wurden, im Exil in Berlin.

Imre Kertesz fasste meine Frage als etwas ganz Natürliches auf und berichtete freimütig, er habe die Parkinsonsche Krankheit und wünsche sich, dass sein Tod schnell herbeikomme und dass später seine Asche im Mittelmeer verstreut werde – auch dieser grosse Schriftsteller kannte sie also: die Sehnsucht, mit dem Wasser zu verschmelzen, sich am Ende seines Lebens mit dem Wasser eins zu fühlen.

Mein Mann hat mir heute einen weiteren interessanten Artikel zum Thema Schwimmen auf den Schreibtisch gelegt: «Blue spaces: why time spent near water is the secret of happiness.» Der Artikel stammt von Catherine Kelly, die nach dem Tod ihrer Mutter – sie selbst war damals zwanzig – zu schwimmen begonnen hatte. Kelly kaufte sich ein kleines Häuschen am Strand und spazierte und schwamm jeden Tag eine lange Strecke der Küste entlang – das, sagte sie, habe sie in ihrer Trauer gerettet und gesundgemacht. Während dieser Zeit – acht Jahre – habe sie sich mit «outdoor wellbeing» beschäftigt und spezifisch mit der Frage nach den therapeutischen Effekten von Natur beziehungsweise von Wasser im Speziellen.

Eine schöne Szene auf einem Sprungbrett gibt es im neuen Udo-Lindenberg-Film. Der zwölfjährige Udo entdeckt im Schwimmbad ein Mädchen, das vom Sprungbrett einen dreifachen Salto schafft. Beim Ausgang des Freibads fragt er sie, ob er ihr Fahrrad schieben darf, und sie gehen lachend zusammen nach Hause. Als Erwachsener erinnert er sich an seine erste Liebe im Bad und dichtet ein Lied für sie über genau diesen Sommer. Udo geht mit seiner Band auf Tournee in verschiedene Länder, aber immer wenn er in seiner Heimatstadt ist, geht er schwimmen und schiebt danach das Rad der Profischwimmerin nach Hause – sie traut sich jedoch professionelles Schwimmen nicht zu, obwohl sie perfekte Saltos schafft. Gegen Ende des Films hat Udo einen Plattenvertrag, und er schenkt seine erste Platte seiner ersten Liebe, die ganz offensichtlich keine Angst hat, vom Sprungbrett zu springen und dabei Kunststücke zu vollführen.

Schwimmen und Tiefe: Mit Freud tauchen

In den letzten Wochen war ich meist allein und oft erschöpft. Als hätte sich mit der abnehmenden Wärme und der sich festsetzenden Kälte auch in mir etwas festgesetzt und als wäre alle meine Kraft erforderlich, es wieder ans Licht zu zerren. Traurigkeit. Die Art von Trauer, die mit dem Wechsel von Jahreszeiten zusammenhängt und mit der Erkenntnis, dass die Zeit vergeht und ich noch immer hier bin und meinen seltsamen Bericht über das Schwimmen verfolge.

In meiner Pubertät machte ich einen Unterschied zwischen dem Schwimmen im Pool und dem im See. Im See hatte ich Angst vor der unsichtbaren Tiefe des Wassers. Das spiegelt auch die Kinder- und Jugendliteratur hervorragend, wie zum Beispiel «Anton taucht ab» von Milena Baisch.

Die Geschichte geht so: Anton erfährt, dass es auf dem Campingplatz, auf dem er mit den Grosseltern die Sommerferien verbringt, keinen Swimmingpool gibt; da ist er erst mal beleidigt: «Den Rest des Abends sprach ich kein Wort mehr mit den beiden Verrätern.»

Anton ekelt sich vor Seewasser: «Widerlich. Schon von Weitem konnte ich sie sehen: die Schlingpflanzen und den ganzen Horror. (…) Glipschige Fische, die von allen Seiten angeschossen kommen und den Menschen an die Beine glipschen. (…) Und die Quallen erst!»

Keine zehn Pferde bringen ihn in «die dunkle Brühe». Da können die anderen Kinder am Steg noch so viel Spass mit Arschbomben und Kopfsprüngen haben. Anton zieht lieber allein mit seinem ferngesteuerten Geländewagen durchs Gebüsch.

Wie es dazu kommt, dass Anton-alias-Starflashman am Morgen seines letzten Ferientages dann doch noch im See landet und das so spannend findet, dass er völlig die Zeit vergisst und Stunden im und unter Wasser verbringt, erzählt Milena Baisch mit viel Humor und Einfühlungsvermögen. Ihr Ich-Erzähler ist ein etwas schräger, deshalb aber umso liebenswerterer Junge, der sich mit seinen Ängsten und Befindlichkeiten oft selbst im Weg steht. So wie Anton ging es auch mir, kurz nachdem ich schwimmen gelernt hatte.

Später, als ich für mein Studium nach Frankfurt kam, wurde meine pickelige Haut plötzlich besser und die Erleichterung war so gross, dass ich nackt schwimmen, dass ich das Wasser ungehindert über jeden Teil von mir strömen fühlen wollte.

Schwimmen wurde mir in Frankfurt zu einer mächtigen Leidenschaft. Jeder Tag begann im Freibad. Es hatte den schönen Namen «Brentanobad» und befand sich im Stadtteil Rödelheim. In den 1930er-Jahren war es als Flussbad erbaut worden, 1960 wurde es wegen der sinkenden Wasserqualität der Nidda zu einem Freibad umgebaut. Danach gab es kein Zurück mehr. Im Chlorwasser sah ich den Grund, tauchte hinab und stiess wieder an die Oberfläche. Weder Fische noch sonstige Wasserungeheuer kreuzten meinen Weg.

In natürlichen Gewässern war es anders: Ist das Wasser sehr nährstoffreich, so enthält es viel Plankton und Algen. Durch die von ihnen erzeugten Exkremente und durch ihr Ableben entstehen Schwebeteilchen, die im Wasser treiben. Diese Lebewesen – die oft wenig grösser oder kleiner als ein Millimeter sind – zerstreuen und reflektieren, zusammen mit den Schwebeteilchen, das Licht und behindern dadurch, wie Nebeltröpfchen in der Luft, die Sicht. In mit Trinkwasser gefüllten Schwimmbädern ist es hingegen möglich, 40 Meter oder weiter zu sehen. Gleiches gilt für Tropengewässer oder sehr kalte Bergseen.

2018 hat die Zürcher Künstlerin Pippilotti Rist in einem Schwimmbad eine Lichtinstallation eingerichtet. Rotes, grünes, gelbes Licht fiel in das Becken, sodass man beim Tauchen das Gefühl hatte, die ganze reichhaltige Unterwasserwelt zu sehen. Die Künstlerin kämpfte mit der Installation gegen das Verschwinden von Algen. Gleichzeitig ging das Kunstwerk unter die Oberfläche, oder, anders gesagt: Es machte ökologische Missstände sichtbar, indem es an unser Unterbewusstsein appellierte und die wundervolle Fauna vom Meeresgrund des Lebens zeigte.

Das kann Kunst: Sie kann beleben. Und sie kann auf Dinge aufmerksam machen, die aus unserem Leben zu verschwinden drohen. Auch wenn es nur die Algen sind.

Es kommt vor, dass ich mir Sigmund Freud in einer Badehose vorstelle. So abwegig ist das nicht: In Wien gab es das Amalienbad, das 1923 bis 1926 nach Plänen der Architekten Karl Schmalhofer und Otto Nadel erbaut wurde. Das Amalienbad war zu dieser Zeit die grösste und modernste Badeanstalt Mitteleuropas, es bot für insgesamt 1300 Besucher Platz, und neben dem Schwimmbecken umfasste die Anlage auch Heilbäder.

Karl Seitz sagte an seiner Eröffnungsrede, die man in der Illustrierten Kronenzeitung abgedruckt findet: «Ja, just in diesem Proletarierbezirk haben wir dieses Bad gebaut, um inmitten dieser alten Häuser auch ein Stück Schönheit aufzubauen, weil wir wollen, dass Körperkultur in die breitesten Massen des Volkes dringe. Es soll hier deutlich gezeigt werden, dass der arbeitende Mensch der Luft, des Lichtes und des Wassers bedarf.» Das bewegliche Glasdach liess sich in nur drei Minuten öffnen.

In dem Buch «Wien, Stadt der Juden» finde ich ein interessantes Foto der jüdischen Wasserballmannschaft Hakoah-Wien, die in den Jahren 1924–1928 dreimal den österreichischen Meistertitel errang. Das Bild zeigt neun fesche junge Männer, die alle eine weisse (!) Badehose tragen mit einem Judenstern drauf. Einer von ihnen, Ernst Stern, war ein Profischwimmer, der daneben auch im Boxring stand und sich mit Philosophie beschäftigte: er arbeitete an einer erkenntnistheoretischen Schrift, die gegen Bertrand Russell und die Logistiker des «Wiener Kreises» um Schlick und Carnap gerichtet war – eine faszinierende Mischung, aber daran sieht man, wie angeregt die Stimmung in der ersten Hälfte des Jahrhunderts war – und wie eng Schwimmen und Philosophieren zusammengehören.

Bleiben wir in Wien. Das Schwimmen kommt in Sigmund Freunds Traumdeutung einmal vor: Schwimmen im Traum steht in engem Zusammenhang mit dem Untertauchen. Schwimmt der Träumende flussaufwärts, ist dies ein Zeichen dafür, dass er entgegen seiner Natur handelt.

Befindet sich der Träumende im klaren Wasser, durchläuft er einen Reinigungsprozess. Schwimmen kann sich auf unbewusste Instinkte, Triebe, Gefühle beziehen, mit denen man entweder in Einklang lebt oder in Widerspruch steht. Je nach den weiteren Begleitumständen ergeben sich für mich folgende spezielle Bedeutungen:

- Schwimmen im klaren Wasser steht allgemein für Erfolg und Glück.
- Schwimmen im trüben oder stürmischen Wasser kündigt Probleme und Misserfolge an.
- Mit anderen schwimmen weist darauf hin, dass man in einer Angelegenheit Rat und Hilfe benötigt.

- Ein Nichtschwimmer, der im Wasser untergeht, kann auf eine Gefährdung durch Inhalte des Unbewussten hindeuten, wenn diese ins Bewusstsein durchbrechen.

Es kommt bei der Deutung darauf an, ob man im Traum in klarem oder trübem Wasser schwimmt. Klares Wasser bedeutet Erfolge auf dem Lebensweg durch Eigeninitiative oder das Schwimmen im Glück, trübes die Ziellosigkeit, mit der man durchs Leben geht. Das Schwimmen, das mit der Angst vor dem Untergang einhergeht, umschreibt die Furcht, dass man im Wachleben bei der Arbeit «ins Schwimmen» geraten könnte.

Wasser und Schwimmen hat immer etwas mit den Gefühlen des Träumenden zu tun. «Schwimmt er durch die Luft, so steht dies in Verbindung mit intellektuellen Fähigkeiten. Ist er im Traum ein guter Schwimmer, zeigt dies seine Begabung, eine emotional aufgeladene Situation sicher zu handhaben. Ist der Träumende ein schlechter Schwimmer, könnte dies darauf verweisen, dass er lernen muss, mit seinen Gefühlen positiver umzugehen.

Träume, in denen das Schwimmen als angenehm empfunden wird, gelten als Zeichen für die Ausgeglichenheit und Entspanntheit des Träumenden, wie auch für sein gutes Selbstwertgefühl. Fühlt er sich besonders glücklich, weil er in dem Wasser ist, lässt dieses Bild eine erotische Deutung im weitesten Sinne zu. Hat der Träumende allerdings Angst vor dem Wasser beziehungsweise Schwimmen, ist dies ein Symbol für seine Unsicherheit, seine Spannungen und Probleme.

Was geschieht eigentlich bei jemandem, der taucht? 332,35 Meter unter Wasser ist es dunkel, kalt, still. Es gibt in der Tiefe nichts zu sehen, nichts zu hören. Da ist nur noch das Pochen des langsam schlagenden Herzens. Das eigene Leben hängt an einem Seil.

Am 18. September 2014 um 10 Uhr 45 befand sich der ägyptische Taucher Ahmed Gabr genau an diesem Punkt. Er war um 10 Uhr 30 auf der Sinai-Halbinsel ins rote Meer getaucht. Nur 15 Minuten später nahm er eine der am Seil befestigten Marken an sich: 335 Meter; in Kairo kalibriert, handsigniert und abgestempelt. Das Beweisstück. Ahmed Gabr war nun tiefer gekommen als je ein anderer Taucher vor ihm. Weil Strömungen das Seil jedoch leicht verschoben hatten, sollten Experten ihm später 2,65 Meter abziehen. 332,35 Meter Tiefe. So steht es seither im Guinness-Buch der Rekorde. Ahmed Gabrs Weltrekord ist bis heute ungebrochen geblieben. Mehrere Männer haben seither versucht, ihn zu überbieten. Sie sind beim Versuch gestorben oder mussten ihn vorzeitig abbrechen.

Hier ist sie also wieder, die Gefahr des Wassers. In der Geschichte der Menschheit hätten bisher nur drei Taucher die 300-Meter-Grenze übertroffen, das sind weniger Menschen, als auf dem Mond waren. Noch tiefer kommt ein Mensch nur in einem Panzertauchanzug oder in einem U-Boot, mechanisch geschützt vor dem Druck der Wassermassen. 350 Tiefenmeter waren Ahmed Gahrs Ziel. Doch bei 332,35 Metern wusste er: «Noch ein einziger Meter mehr würde mich das Leben kosten.»

Beim österreichischen Wissenschaftstheoretiker Otto Neurath findet man die 1924 notierte Mahnung: «In der Wissenschaft gibt es keine Tiefen, alles ist Oberfläche.» Lässt sich das auch auf die Oberfläche und Tiefe des Wassers beziehen? Versuchen wir es: Das Meer ist geradezu prädestiniert für Visionen. Es ist salz- und sehnsuchtshaltig. Man muss nur an die Weite, die Unerreichbarkeit des Horizonts, und an die Tiefe denken. Die Naturgewalt, die ständige Gefahr.

Friedrich Nietzsche schrieb als zur Nervosität neigender Gymnasiast ein Gedicht auf das Meer: «O Meer im Abendstrahl/ An deiner stillen Fluth / Fühl ich nach langer Qual/ mich wieder fromm u. gut.»

Am 22. Oktober 1876 schaute Nietzsche auf dem Posilipo bei Neapel zum ersten Mal aufs Meer und notierte: «Wie ertrug ich nur bisher zu leben.» Wäre Nietzsche in Bad Kösen (bei Naumburg an der Saale) geblieben, hätte er das Meer nicht gesehen und über Oberfläche und Tiefe anders gedacht.

Neulich las ich in der Neuen Zürcher Zeitung einen Artikel über das Schwimmen mit dem Titel: «Im Wasser werden wir zu Heimkehrern.» Die Autorin Andrea Köhler erinnert sich darin, wie sie als Kind mit ihrem Vater und der älteren Schwester Sandburgen baute, die sie gegen die Brandung der Nordsee schützen sollte. Ihr war aufgefallen, dass am Meer alle zu Kindern werden. «Wenn es stimmt, dass wir wassergeborene Menschen sind», schreibt sie weiter, «dann sind unsere Aufenthalte im Wasser immer auch ein Weg zurück von der trocken-festländischen zur ozeanisch-flüssigen Seinsweise.»

Ich glaube, deshalb habe ich ständig das Gefühl, nicht nur am falschen Ort, sondern auch im falschen Element zu sein. Im Wasser werden wir folglich zu Heimkehrern in unserem elementaren Lebensraum.

Jetzt, da der Sommer sich bald dem Ende zuneigt, wird dieser existenzielle Trost wieder rar. Es gibt zwar überzeugte Winterschwimmer, die bei knochensplitternden Minusgraden in Eislöcher springen. Doch scheint mir das Glück, das vom frostkalten Wasser ausgeht, wesentlich darin zu liegen, wieder rauszukommen.

Am Abend sah ich einen Film mit Woody Allen, in dem er, der verkorkste Jüngling, sich mit einer Frau trifft. Er fragt etwas ungelenk, ob sie Sport treibe. «Ja», sagt sie, «ich schwimme». «But swimming is not a sport», antwortet er, «swimming you do to not do drawn.»

Es ist keine Seltenheit, dass Menschen, die einen schweren Verlust zu verkraften haben, zu rabiaten Schwimmern werden; Lethe, der Fluss des Vergessens, fliesst beim Schwimmen durch unseren Kopf. Manche Menschen nutzen dagegen den Schock brutal kalter Tümpel, um sich wieder lebendig zu fühlen.

Der erste grosse Reisende der Weltliteratur hatte diesbezüglich noch keine Wahl, doch ist Odysseus jemals geschwommen? Ja, er ist – und er schwamm um sein Leben. Aber es gelang ihm bei seinem Schiffbruch nur deshalb, sich zu retten und schwimmend das Land zu erreichen, weil ihm die Göttin Leukothea einen Zauberschleier auf sein gekentertes Floss gebracht hatte: «ein magisches Objekt» also, wie es auch im Märchen übernatürliche Kräfte verleiht.

«Dass, wer im Mittelmeer treibt, kaum wie Odysseus auf einer Insel landet, deren Bewohnerinnen ihn nicht wieder ziehen lassen, sehen wir in den Nachrichten. Zu Homers Zeiten freilich gab es noch Götter, die einen Aufbruch zu neuen Ufern begünstigen oder verhindern konnten», schreibt Andrea Köhler in der NZZ vom 4.9.2019 in ihrem Artikel «Im Wasser werden wir zu Heimkehrern».

Die Odyssee hat die Metapher der Lebensreise geprägt und der Schiffbruch ihr Scheitern. Durch Hans Blumenberg (1920–1996) ist das Bild des «Schiffbruchs mit Zuschauer» als «Paradigma einer Daseinsmetapher» in den Kanon der Philosophie eingegangen. Es ist ein Bild, das die fundamentale Erschütterung der Moderne zum Ausdruck bringt: Unter leeren Himmeln ist kein Land mehr in Sicht.

Die Metapher des Schiffbruchs geht zurück auf die Bibel: In der Apostelgeschichte 27 befindet sich Paulus mit seinen Männern auf einem Schiff. Ein Sturm zieht auf, und Paulus hat von Gott die Stimme gehört, dass das Schiff sinken werde – hier ist es wieder, das Flüchtlingsthema. Und dann kommt die Schwimmstelle: «Aber der Hauptmann wollte Paulus am Leben erhalten und wehrte ihrem Vorhaben und liess die, die schwimmen konnten, als Erste ins Meer springen und sich ans Land retten, die anderen aber, einige auf Brettern, einige auf dem, was noch vom Schiff da war. Und so geschah es, dass sie alle gerettet ans Land kamen.»

Inzwischen haben die Vorzeichen sich umgekehrt: Nicht mehr die Schiffe sind von den Meeresfluten, die Weltmeere sind vom Pauschaltourismus bedroht. Und während Venedig zwischen den Ozeanriesen schneller versinkt, wird die Infrastruktur des Festlandes – mit Restaurants, Kinos und Shopping-Mall – auf dem Schiff errichtet.

Man muss nicht gleich die religiösen Rituale der Menschheit bemühen, um nachempfinden zu können, dass der Sprung ins flüssige Element nicht nur vom Staub des Tages, sondern auch vom Schmutz auf der Seele befreit. Vielleicht weil der Alltagsdruck täglich tyrannischer wird, suchen immer mehr Menschen die schwerelose Pause im flüssigen Element – wie das Treiben im Dämmer des Halbschlafs beflügelt das Wasser die Phantasie.

Denn das Wasser ist transitorisch, es öffnet etwas in uns. Selbst inmitten der Stadt vermittelt der Sprung in den See eine Spur jener Freiheit, die sich gemeinhin in wilden Gewässern einstellt. Was für ein unerfreulicher Ausbund an Effizienz wäre Zürich ohne die blaugrüne Gelassenheit des Sees.

Der Schriftsteller Joseph Conrad (1857–1924) schrieb ebenfalls über das Wasser als gefährlichem Element: «Ich habe das Meer zu lange gekannt, um an seinen Respekt für die Anständigkeit zu glauben», schrieb er, und er hat recht. Um sich im Wasser aufzuhalten, muss man das Element Wasser kennen, sonst geht man darin unter. Und ein wenig Angst zu haben, ist sinnvoll, wie wir gesehen haben.

Schwimmen und Langeweile: Pascals Zeitvertreib

«Manchmal, wenn mir langweilig ist, liege ich auf dem Sofa und atme. Ein und aus. Ist ja auch wichtig.»

Felix Studinka

Es sind sehr schöne, südländisch warme Spätsommertage, die ich am Fluss verbringe, und ich spüre am ganzen Körper eine Lust zu schwimmen wie einen tiefen, unstillbaren Durst. Aber ich wage es nicht. Ich schaue auf die Uhr und wandere unruhig am Ufer auf und ab. In wiederkehrenden Tagträumen male ich mir aus, wie ich eintauchen werde in das kühle, frische Wasser, das vor meinen Augen dahinfliesst.

Es ist einer dieser bleiernen Nachmittage, wie wir sie aus unserer Kindheit kennen. Ich trage ein Buch mit mir herum: Pascals Pensées. Langeweile, so sagt ein zerstreuungssüchtiger Zeitgeist, soll nicht sein. Doch sie überkommt uns immer wieder – und wer von ihr davonrennt, den wird sie umso sicherer einholen.

Es gibt eine wunderbare Stelle in Pascals philosophischem Buch, die ich mir einverleibt habe: «Nichts ist dem Menschen unerträglicher als völlige Untätigkeit, also ohne Leidenschaften, ohne Geschäfte, ohne Zerstreuungen, ohne Aufgaben zu sein. Dann spürt er seine

Nichtigkeit, seine Verlassenheit, sein Ungenügen, seine Abhängigkeit, seine Ohnmacht, seine Leere (…) Das ist der Grund, dass die Menschen so sehr den Lärm und den Umtrieb schätzen, der Grund, dass das Gefängnis eine so furchtbare Strafe ist, der Grund, dass das Vergnügen der Einsamkeit unvorstellbar ist.»

Mit diesen Zeilen setze ich mich an den Fluss und schaue auf das Wasser. Ich stelle mir vor, wie ich mit meinen Armen gegen die Unaufhaltsamkeit des Stromes ankraule. Eine unbändige Lust, mich mit der Limmat zu messen, überkommt mich. Ich möchte mich ausziehen, mit aller Kraft flussaufwärts schwimmen, kopfüber eintauchen in das schimmernde Wasser, das bereits einige Herbstblätter mit sich trägt. Ich möchte meinen Körper spüren, wie ich ihn nur im Wasser spüren kann, leicht und beweglich.

Ich setze mich auf den Steg, die Beine ins Wasser baumeln lassend, und lausche den Stimmen am Fluss, ihrer Musik aus dem Ghettoblaster, den tiefen Stimmen junger Männer, die sich bei einem Bier unterhalten, den verschiedenen Geräuschen, die eine Stadt ausmachen. Der Schriftsteller, der sich am intensivsten mit dem Schwimmen beschäftigt und auch schon viele Bücher darüber geschrieben hat, ist John von Düffel. Anders als ich ist er ein Profischwimmer, der kraulen kann. Aber wir teilen gewisse Kindheitserinnerungen, die mit dem Schwimmen zu tun haben.

Auch er ist mit seiner Familie im Sommer ans Meer gefahren, und die Familie ging jeweils geschlossen ins Wasser. Sein Vater und seine Mutter schwammen genau wie meine voraus, ihre Züge erschienen uns Kindern immer als besonders kraftvoll, tragend und ruhig. Ich hatte Mühe, mitzuhalten. Und auch John von Düffel schreibt: «Mein Bruder und ich paddelten angestrengt hinterher, den Blick starr auf die elterlichen Nacken gerichtet, die weisslich aus dem Wasser ragten. Wir plapperten laut und aufgeregt durcheinander, doch es war mehr Angst als Ausgelassenheit, was uns so sprechen machte. Es hatte etwas vom Pfeifen im Dunkeln, und die merkliche Anstrengung, mit der wir es vermieden, mehr als zwei, drei Meter Abstand zwischen uns und unsere Eltern kommen zu lassen, strafte unser eifriges Gelächter Lügen.»

Es mag stimmen, was manche sagen: Schwimmen ist eine langweilige Beschäftigung. Wie das Schreiben auch. Man hangelt sich von Satz zu Satz. Versucht, sich schreibend selbst kennenzulernen. Manchmal verausgabte ich mich als Kind beim Schwimmen so sehr, dass ich glaubte, ich müsste nach ein, zwei weiteren Zügen vor Müdigkeit untergehen. Ich durfte mich dann an den Schultern meines Vaters festhalten. Der Länge nach im Wasser ausgestreckt, wurde ich von ihm durchs Meer gezogen. Für mich war das ein sehr beruhigendes Gefühl von Nähe – das ich in den ersten Jahren meinem Sohn zu schenken versuchte.

Dennoch ist beim Schwimmen irgendwie jeder Mensch für sich. Natürlich gehe ich auch mit meiner Familie schwimmen, und dabei treffe ich, besonders im Sommer, ab und an bekannte Gesichter, aber im Grunde schwimme ich gerne allein. Deshalb war ich erstaunt, als mich eines Tages der Vater eines Schulkameraden meines Sohnes fragte, ob ich mit ihm zusammen schwimmen komme.

Ehrlich gesagt, ich hatte nicht die geringste Ahnung, was er mit «zusammen schwimmen» meinte, aber ich willigte ein. Wir trafen uns tags darauf zum verabredeten Zeitpunkt, beide schon fertig umgezogen, im städtischen Hallenbad und unterhielten uns kurz am Beckenrand. Dann stellte er sich auf einen der Startblöcke, während ich mit einem Fuss die Wassertemperatur prüfte und meine Chlorbrille anzog. Ich hatte noch immer keine Ahnung, worauf er hinauswollte, unser Gespräch bestand aus Floskeln – schliesslich sprangen wir ins Wasser. Anfangs schwamm er ein kurzes Stück neben mir auf der Bahn, verlor dann aber schnell die Lust und langweilte sich am Beckenrand. Ich hatte noch nicht einmal ein Fünftel meiner üblichen Distanz hinter mich gebracht und wusste nicht, ob ich nun neben ihm schwimmen musste, oder ob ich ihn allein lassen durfte. Einerseits tat er mir leid, andererseits hatte ich wirklich Lust zu schwimmen.

Im Augenblick tat ich weder das eine noch das andere richtig: Ich schwamm nicht richtig, und ich kümmerte mich auch nicht um ihn. Wenn ich an ihm vorbeischwamm, spritzte er mich an. Das sah zunächst aus wie eine neckische Geste, doch es brachte mich aus der Bahn. Ich sah nur noch diesen Bekannten, dem ich durch beharrliches Hinundherschwimmen zu entkommen hoffte, so als könnte man einem Fünfzig-Meter-Becken entfliehen, wenn man nur häufig genug auf und ab schwamm.

Schwimmen ist Heilung – «Kümmere dich um deinen Körper, er ist der einzige Ort, den du zum Leben hast.»

Jim Rohn

Die sommerlichen Tage zogen vorbei, ohne dass ich meine Lieblingsjahreszeit in irgendeiner Weise geniessen konnte. Ich war auch gegenüber Sonnenschein und Wärme unempfindlich geworden. Freunde meldeten sich aus den Ferien zurück und wollten als erstes erfahren, wie es mir ging. Bedrückende Momente, denn ich hatte nichts Neues zu berichten, keine Neuigkeiten, alles wie gehabt. Ich erinnerte mich an die Geburt meines Sohnes vor dreizehn Jahren an einem verschneiten Märztag.

Irgendwann rief der besagte Freund mich zurück. Er versuchte ein Lächeln, als wir uns ansahen – beide bis zur Brust im Wasser, das uns mehr trennte als verband. Ich hatte meine Chlorbrille ausgezogen und stellte mich zu ihm. Er wollte mit mir plaudern, und es bereitete ihm sichtlich Mühe, seine Enttäuschung zu verbergen. Ich nestelte etwas an meinem Bikinioberteil herum, als er sagte, ihm sei kalt, er würde sich jetzt wieder umziehen. Ich blieb mit dem Gefühl zurück, gerade einen potenziellen Liebhaber verloren zu haben.

Unsere gemeinsame Schwimmpartie war somit beendet, und wir gingen uns nun in stillem Einvernehmen aus dem Weg. Für mich ist seither klar, dass ich lieber alleine schwimme. Oder allenfalls mit meiner Kleinfamilie.

Doch dass er sich beim Schwimmen langweilte, war mir vorerst sympathisch. Schliesslich kommen aus der Langeweile die besten Gedanken. Wolf Haas' Detektiv Simon Brenner jedenfalls plagen schwere Anfälle von Langeweile: «Ich persönlich glaube, ohne Langeweile hätte der Mensch überhaupt nichts erfunden, keine Mondlandung, keinen Reissverschluss, keine perversen Sexspiele mit Reissverschlüssen an den unmöglichsten Stellen, nichts! Und das Beste an der Langeweile ist, dass sie immer grösser wird, je mehr die Leute dagegen erfinden.» (Silentium! S. 153)

Von seiner eigenen Schwimmpassion und dem Zusammenschwimmen erzählt der für seine Patientengeschichten berühmte britische Neurologe Oliver Sacks: In seinen Memoiren «Onkel Wolfram» beschreibt er, dass er seinem Vater nie näher war als beim gemeinsamen Schwimmen: «Mein Vater war ein fabelhafter Schwimmer. Er hat uns Kinder ins Wasser geworfen, als wir noch Babys waren. Schwimmen ist ein Urinstinkt, den ich von Geburt an hatte, während ich das Laufen erst lernen musste. Es gibt mir so ein biologisch-mystisches Gefühl, an meine Wurzeln zurückzukehren. Wenn ich schwimme, gerate ich in eine Art Trance und bin befreit von den Sorgen des Alltags. Dabei kommen mir manchmal die besten Ideen. Ich schreibe oft im Wasser oder sogar unter Wasser. Mein Buch ‹Der Tag, an dem mein Bein fortging› entstand am Ufer eines wunderbaren kleinen Sees. Ich schrieb mit Tinte und Füllfederhalter und tropfte nach dem Schwimmen auf das Papier. Als mein Verleger das Manuskript erhielt, sagte er: ‹Seit dreissig Jahren hat kein Autor mehr ein handgeschriebenes Manuskript eingereicht, und Ihres sieht aus, als sei es in die Badewanne gefallen.›»

Auch Oliver Sacks verband also das Schwimmen mit dem Schreiben – und mit der Rückkehr in einen Urzustand. In einem Interview mit der Süddeutschen Zeitung vom 17.7.2013 gab er an, mit seinen achtzig Jahren nicht mehr gut gehen zu können. Dafür schwimme er jeden Tag – er liebe das Schwimmen.

Es ist nun Abend, und heute bin ich ein zweites Mal geschwommen, als es bereits dunkel war. Wenn ich schwimme, bin ich auch eine Lauscherin. Ich lausche dem Geräusch meiner nackten Füsse auf dem Boden, dem dumpfen Auftreten meiner Fersen beim Laufen – und ich lausche dem betäubenden Geräusch des Eintauchens in meinen Ohren, dem Sirren meines Kreislaufs, meinem Pulsschlag und dem sanften Stöhnen meiner Lungen. Ich lausche mit den Ohren der Nacht dem klatschenden Aufprall meines Körpers im Wasser, lausche der zunehmenden Entfernung und dem nach Luft gierenden Keuchen meines Atems, das sich in die Stille über dem nächtlichen Rauschen des Stromes mischt. In der Nacht spürt man die Kluft zwischen sich und dem feuchten Element.

Ich weiss jetzt, dass mir weniger die Vorstellung zu schaffen macht, unter all den Schwimmerinnen und Schwimmern diejenige zu sein, die nicht dazugehört, während die anderen schwatzend und lachend den Strom hinuntertreiben. Was mich zurückhält, ist vielleicht der lange Schatten dieser Fremdheit, der sich nachts über den dunklen Fluss erstreckt: die Angst, dem Wasser selbst fremd geworden zu sein, sodass es unnachgiebig bleibt und mich nicht aufnimmt in den Gang und das Gleichmass des Stromes. Und es nützt nichts, daran zu denken, wie einladend, freundlich und hell es noch vor wenigen Stunden an dieser Stelle schien. Meine Angst ist, die Kluft nicht überwinden zu können und auf einmal im Wasser nicht mehr heimisch zu sein.

Um schwimmen zu lernen, muss ich ins Wasser gehen,
sonst lerne ich nichts.

August Bebel

Wenn die Römer und Griechen in der Antike einen besonders ungebildeten Menschen trafen, sagten sie über ihn, dass er weder lesen noch schwimmen könne. Diese Geisteshaltung möchte ich gerne in meinen Alltag einbauen.

Früher im Jahr, Anfang März, machte ich mit meinem Mann und meinem Sohn einen langen Spaziergang dem Rhein entlang. Das Wasser hatte eine wundervoll dunkelgrüne Farbe, die ersten Schneeglöckchen wuchsen am Ufer und die Haselsträuche waren in Blüte. Unweit eines hübschen Bauerndorfes entdeckten wir von unserem Weg aus ein Kunstwerk: einen Schwimmer, der an einem Draht in der Luft schwebte, aus unserer Perspektive sah es jedoch so aus, als schwimme er im Wasser.

Mein Sohn sagte bei seinem Anblick spontan: Schau, dort ist ein Passiv-Schwimmer! Das Wort «Passiv-Schwimmen» haben wir en famille erfunden, als uns einmal im Wasser langweilig war und wir nur so herumgeplanscht sind. Wir meinen damit das Sich-mitgehen-lassen mit der Strömung, das sich Ausliefern an das Wasser, kurz, das Gegenteil vom Gegen-den-Strom-Schwimmen.

Ich bin jetzt auf der Höhe des Schwimmbades Mythenquai,

links von mir der Ruderclub mit den Silhouetten der Zürcher Alt-
stadt, rechts das mit Bäumen bepflanzte Seeufer. Fast möchte ich
rufen: Wo sind die ersten Spaziergänger? Hallo? Sehen Sie den kleinen schwarzen Punkt im Wasser, der zwischen den gelben Fässern
im See treibt? Das ist mein Kopf! Und sehen Sie die Bewegungen
meiner Arme und Beine? Die können Sie gar nicht sehen, weil ich
nicht schwimme, schauen Sie, sondern geschwommen werde. Weil
ich heute morgen gelernt habe, wie man einfach nur dem Gang des
Wassers nachgibt. Es hat keine halbe Stunde gedauert, vom Augenblick des Ins-Wasser-Gehens bis jetzt. Ich bin nicht einmal einen
Kilometer im Wasser unterwegs, und schon ist sie mir vertraut, die
Kunst des Passivschwimmens.

Manchmal, wenn ich aufwache, weiss ich nicht, wo ich bin. Erst
nach und nach sortieren sich die Eindrücke und Geräusche, das kör-
nige Weiss der Tapete und die fernen Töne der Welt hinter meinem
Fenster. Tief und lange habe ich geschlafen, wie ausgelöscht von
dieser Nacht. Nur langsam finde ich zurück, schiebe die Bettdecke
beiseite, kühl ist der Schweiss der Nacht auf meiner Haut. Ich fühle
mich leicht, unwirklich leicht bis zum Übermut. Ich trete ans Fenster, milde Frühjahrsluft und der weiche Geruch von Wasser. Ein Tag,
der an mir reisst.

Ich zögere nicht länger. Zwar spüre ich bei der geringsten Anstrengung, wie schwach ich unter dieser angenehmen Taubheit bin,
die mich nicht loslässt – es kommt mir vor, als würde mein Körper
noch schlafen, ganz von Nacht umsponnen, und nur mein Kopf sei
aufgewacht. Aber der Gedanke, heute früh schon schwimmen zu gehen und dem Kalender zuvorzukommen, ist so plötzlich da, dass
mir gar keine Zeit bleibt, mich eines Besseren zu besinnen. Und ich
merke, wie dieser Gedanke zunehmend Kraft zieht, ich merke, wie
sehr ich es will.

Als mein Sohn drei Monate alt war, besuchte ich mit ihm das
Babyschwimmen. Ich kann mich erinnern, dass es in der Garderobe
jeweils sehr anstrengend war: die Kleinen hatten Hunger, es war eng
in der Garderobe, die Mütter und Väter waren genervt – und trotzdem schaute man sich gegenseitig alles ab: wie wickelte diese Frau ihr
Kind, wann gab jene Frau dem Säugling ihre Brust. Das Schwimm-

becken, das sich in einem Krankenhaus befand, war warm, hatte die Temperatur des Körpers. Die Kinder sollten das Tauchen lernen – und das Atmen. Mein Sohn hatte bei der dritten Sitzung eine Nahtoderfahrung: Er glitt unter Wasser, tauchte nicht mehr auf, und als ich ihn herausfischte, japste er nach Luft. Er hustete und weinte schliesslich um sein Leben. Die anderen Kinder tauchten fröhlich und lachten dabei oder schwebten alleine auf dem Rücken im Wasser, aber mein Sohn hustete und schrie wie am Spiess.

Danach habe ich ihm und mir das Babyschwimmen erspart. Es stellte sich heraus, dass es für ihn wie für mich in diesem kleinen Bad zu eng war. Als ich später wieder einmal mit dem Kleinen von einem Spaziergang zurückkehrte, begegnete ich der Lehrerin des Babyschwimmens auf der Strasse. «Wie schön er ist», sagte sie mit einem Blick in den Kinderwagen. Von da an traf ich sie immer wieder, stets zur gleichen Zeit. Jedes Mal blieb sie vor dem Buggy stehen und schaute meinen Sohn unverhohlen an. Doch er nahm keine Notiz von ihr. Und ich war froh, dass wir das Kapitel Babyschwimmen hinter uns hatten.

Dass das Babyschwimmen aber auch anders ablaufen kann, sodass sowohl Kinder wie Schwimmlehrer viel zu lachen haben, zeigt der isländische Dokumentarfilm «Snorri und der Baby-Schwimmclub». Der Hintergrund ist der, dass viele Fischer in Island nicht schwimmen können und das Ertrinken deshalb zur häufigsten Todesart gehört. «Snorri und der Baby-Schwimmclub» erzählt vom Berufsalltag eines Mannes, den sie auf Island nun den «Babyflüsterer» nennen: Snorri Magnusson.

Er gibt seit dreißig Jahren Schwimmkurse für Babys und für Behinderte, steht sechs Tage die Woche in einer Schwimmhalle nahe Reykjavík in einem Pool und verströmt Zuversicht, Freude und Geduld. Über ihn selbst erfahren wir wenig: Dass er einen Zwillingsbruder hat, mit dem er sich gut versteht; dass er selbst Vater von zwei hübschen Zwillingstöchtern ist. Psychologen, die Magnussons Arbeit seit langem verfolgen, bescheinigen ihm, über das Seelenleben von Säuglingen mehr zu wissen als mancher studierte Mediziner.

Auslöser für seine Berufswahl ist der Entschluss, ein Trauma zu überwinden. Im Alter von sieben Jahren soll Snorri schwimmen lernen, stellt sich furchtbar ungeschickt an, braucht am Ende zwei Jahre – und schafft es nur dank der unendlichen Geduld seines Schwimmlehrers, den er sich fortan zum Vorbild nimmt. Rund siebentausend Kleinkinder sind bislang buchstäblich durch seine Hände gegangen. Denn Snorri setzt neben Mimik, Gesang und Sprache vor allem auch seine Hände ein, mit denen er Sicherheit schenkt; etwa mit seinem «Vertrauensgriff», der den Kopf stützt und den Säugling beinahe schwerelos im Wasser schweben lässt. Der Film ist leider nach nur siebzig Minuten vorbei – man hätte ihn sich länger gewünscht.

Regen ist erst, wenn die Heringe auf Augenhöhe schwimmen.

Ernest Hemmingway

Die französische Autorin Chantal Thomas schreibt in einem ihrer Romane, wie schön es ist, bei Regen zu schwimmen: «Es beginnt zu regnen, große Tropfen markieren das Wasser. Es ist eine Wohltat, im Meer und im Regen zu baden, und auf meinem Kopf werden die Tropfen immer dichter und dichter und überschwemmen mich. Das geht so weit, dass ich durch den heftigen Regenguss geblendet werde und halb betäubt durch die wirbelnden Wellen nach draußen gehe.»

Dieser Moment, sagt die Autorin, sei beeinflusst von einem Buch von Roland Barthes, der Schwimmen als Luxus verstand. Roland Barthes hat sich zeitlebens mit dem Tod seiner Mutter beschäftigt. Das wichtige an dieser Stelle ist die Verdoppelung: die ewige Erneuerung des Meeres wird gespiegelt vom Regen.

Auch Chantal Thomas schreibt über das Schwimmen anhand ihrer Mutter. Sie sei jeden Tag und überall geschwommen, zu verschiedenen Zeiten und mit einer Passion, die sie anderen Dingen nicht entgegenbringen konnte. Auch Chantal Thomas hat ihre Mutter dabei beobachtet und sie zum ersten Mal als Frau wahrgenommen, als Frau, die alles vergisst, und als Kind fragte sie sich, ob das ein Teil ihrer Stärke oder ein Teil ihrer Schwäche war.

Zum Thema Schwimmen habe ich während der Corona-Zeit folgende schöne Stelle im Roman «Bekenntnisse einer Maske» von Yukio Mishima gefunden: «An einem der Tage gingen wir zum Schwimmunterricht in das dortige Schwimmbad. Da ich nicht schwimmen konnte, gab ich vor, mir den Magen verdorben zu haben, und sah den anderen von Weitem zu. Doch irgendein Hauptmann hatte verkündet, dass Sonnenbaden gut gegen Krankheiten sei, und so mussten auch wir Krankgemeldeten uns ausziehen. Ich entdeckte Yakumo unter den Kranken. Er sass da im sanften Wind, die festen weissen Arme über der Brust verschränkt, und biss sich wie zum Spiel mit seinen weissen Vorderzähnen auf die Unterlippe. Da sich alle selbsternannten Kranken in den Schatten eines der Bäume gesetzt hatten, die um das Schwimmbad standen, war es ein Leichtes, mich ihm zu nähern. Ich musterte seinen anmutigen Oberkörper und betrachtete seinen Bauch, der sich mit jedem Atemzug sanft hob und senkte. Mir kamen ein paar Zeilen von Walt Whitman in den Sinn. Die jungen Männer schwimmen auf ihren Rücken, ihre weissen Leiber wölben sich in der Sonne ...» (S. 109)

Das grosse Thema ist hier die Scham des Pubertierenden. Der Ich-Erzähler hat eine kümmerliche Brust und magere, blasse Arme. Er lernt gerade seinen Körper kennen – und das Unbewusste, das Teil davon ist. Aber er ist auch ein Leser – und als Japaner stark von der westlichen Literatur und Philosophie beeinflusst. Es ist eine Szene von starker Erotik, die Stimmung im Schwimmbad ist geladen, es geht darum, den eigenen und die fremden Körper wahrzunehmen – und im Spiegel des anderen zur Selbsterkenntnis zu gelangen.

Der Sprung ins Wasser ist ein Zeitsprung, ein Sprung in die Zeitlosigkeit. Bei aller Sinnlichkeit und Leibhaftigkeit des Wassererlebens rückt die Gegenwart ein Stück weit von uns ab, die Belange des Lebens rücken in eine andere Perspektive. Wer die Uhr ablegt und in das Element der Erinnerung eintaucht, schwimmt aus der Zeit hinaus. Das gelingt am besten auf den langen Strecken. Kurzstrecken sind ohnehin fast ausschliesslich Wettkampfdistanzen. Sie sind auf Tempo ausgerichtet, auf den Vergleich der Uhr und der Nebenbahn. Ob fünfundzwanzig, fünfzig, hundert oder zweihundert Meter – ihre Abmessungen sind so eng und streng definiert, dass sie ausserhalb des Schwimmbeckens gar nicht vorkommen. Kurzstrecken sind «Beckenstrecken». Im See oder Meer verlieren sich die Begrenzungen. Man schwimmt nicht die kürzeste Verbindung zwischen zwei Punkten. Und so soll es sein.

Beim Schwimmen beobachte ich gerne die verschiedenen Temperamente, denn die Wasserleidenschaften und Vorlieben, Glücksvorstellungen und Ängste beim Schwimmen sind individuell sehr verschieden und manchmal eigen bis zur Verschrobenheit – die Koordinaten der persönlichen Schwimmzufriedenheit eröffnen ein breites Spektrum, in dem jeder Einzelne auf seine Weise den idealen Schwimmstil für sich sucht. Noch einmal: Schwimmen ist gesund – sehr sogar, weil es fast die ganze Muskulatur beansprucht und trainiert, die Gelenke schont, von Gewicht entlastet und die Wirbelsäule stärkt.

Doch das Schwimmen birgt auch Gefahren. Der Bademeister des städtischen Hallenbads erzählte mir, im Flussbad sei eine Frau auf den dortigen Bademeister losgestürmt und habe um Hilfe geschrien, ihr Mann sei unter Wasser, ihr Mann sei unter Wasser, er müsse sofort gerettet werden. Der Bademeister sei sofort ins Wasser gesprungen und habe einen Mann heraufgeholt – doch die Frau sagte, das sei ein anderer, das sei nicht ihr Mann, ihr Mann müsse noch unter Wasser sein. Diese kleine Anekdote zeigt, wie die Menschen mit Wasser Gefahren verbinden. Nicht umsonst sagt schon die Volksweisheit: Nach dem Essen eine Stunde warten, bis du ins Wasser gehst.

Manchmal scheint mir, dass alle nichtschweizerischen Schriftsteller einen Swimmingpool besitzen. Der guatemaltekische Autor Eduardo Halfon jedenfalls schreibt in seinem Roman «Duell» ebenfalls, wie der Erzähler einmal gesehen habe, dass jemand im Pool ertrank: «Eines Morgens, während wir Kinder von Briarcliff im Swimmingpool planschten und die riesige Rutsche im Park hinunterrutschten, ertrank ein Mann. Ich erinnere mich noch an die Schreie der Erwachsenen, dass wir alle aus dem Wasser kommen sollten, und dann an das Weinen der kleineren Kinder, die Sirenen der Krankenwagen, den leblosen Körper des Mannes, der neben dem kleinen Wartungsbecken lag, in dem er ertrunken war, zwei oder drei Sanitäter umringten ihn und versuchten, ihn wiederzubeleben.»

Das Interessante ist hier die Wahrnehmung des Erzählers. Er schaut den Mann auf dem Boden an und sieht Farben: «… ein blasses Blau, welk, zwischen Indigo und Wachs. Ein Blau, das ich noch nie gesehen hatte. Ein Blau, das es auf dem Farbfächer nicht geben sollte».

Hier ist es ein Erwachsener, der stirbt, aber dieser Moment in der Mitte des Romans nimmt Bezug auf den ersten Satz desselben: «Er hiess Salomon. Er starb, als er fünf war, ertrunken im See von Amatitlan.»

Der Erwachsene stirbt im Pool, der Junge im See, doch was sich gleicht, ist ihre Gesichtsfarbe: ein Blau. Blau ist sowohl die Farbe der Melancholie, des Blues, wie auch des Alkoholikers – der Betrunkene sagt von sich, er sei blau. Blau ist übrigens eine sehr wichtige Farbe für mich. Ich bin geradezu besessen davon.

Der österreichische Schriftsteller Wolf Haas ist berühmt für seine Kriminalromane rund um Detektiv Brenner. Ich lese Kriminalromane, aber sie interessieren mich nicht im geringsten; ich merke nicht einmal, dass ich sie schon gelesen habe. Einer würde mir fürs ganze Leben reichen. Genausogut könnte ich mich betrinken oder Pillen schlucken oder einen hilfreichen Menschen bitten, mich täglich mit dem Hammer auf den Kopf zu schlagen. Das wäre natürlich die wirksamste Methode, denn Alkohol und Pillen taugen nicht viel.

Viel jedoch bringt mir der Roman «Verteidigung der Missionarsstellung» von Wolf Haas. Dort nämlich gibt es einen Absatz über das Ertrinken: «Benjamin Lee Baumgartner war empfänglich für Akzente und Dialekte, für S-Fehler und R-Fehler, für Halskrankheiten, Heiserkeiten und Holländisch, ja sogar die bei Ertrinkenden auftretende Todesursache übte auf ihn eine gewisse Anziehungskraft aus, seit er wusste, dass Ertrinkende am Stimmritzenkrampf sterben.»

Ertrinkende sterben an Stimmritzenkrampf? Das kann nur ein Österreicher sein, der so denkt. Ich habe in meinem Wörterbuch das Wort «Stimmritzenkrampf» nachschlagen müssen und sehe, es ist ein anderes Wort für Asthma.

Seit ich übrigens zu schreiben angefangen habe, scheinen mir Zeiten, in denen ich mit meinen Eltern schwimmen war, unwirklich, wahrscheinlich gerade dadurch, dass ich sie möglichst genau zu beschreiben versuche, scheinen sie entrückt und vergangen. Indem ich sie beschreibe, fange ich schon an, mich an sie zu erinnern, als an eine abgeschlossene Periode meines Lebens, und die Anstrengung, mich zu erinnern und zu formulieren, beansprucht mich so, dass mir die kurzen Tagträume der letzten Wochen schon fremd geworden sind. Wenn ich über das Schwimmen schreibe, schreibe ich notwendig von früher, von etwas Ausgestandenem.

Die Erfindung des Schwimmbads ist der Versuch, Gleichheit herzustellen. Wir steigen nie zweimal in dasselbe Meer, denselben See, denselben Fluss, doch wir steigen immer in dasselbe Schwimmbecken. Das ist die Idee. Alle schwimmen unter denselben Bedingungen, an jedem Tag, zu jeder Zeit. Trotzdem gibt es Unterschiede, je nachdem, wie viele Menschen im Wasser sind. Doch diese Unterschiede sind nicht im Sinne des Erfinders. Im Gegenteil. Ziel ist es, sie zu eliminieren, samt allen Besonderheiten. Neutral soll es sein, das Wasser der Pools und Schwimmbecken. Man schwimmt in einem Wasser ohne besondere Eigenschaften, einer chemischen Formel, H_2O mit Chlorbeimischung.

Wer hingegen in offenen Gewässern schwimmt, für den ist auch offen, was für einem Wasser er begegnet, welchem Gesicht dieses Wassers. Der Engländer Roger Deakin hatte 1996 die Idee einer längeren Reise, in der er Grossbritannien durchschwimmen wollte. Inspiriert dazu hatte ihn ein Klassiker von John Cheever, die Kurzgeschichte «Der Schwimmer», deren Held Ned Merrill nach einer Party auf Long Island beschliesst, seine zwölf Kilometer Heimweg durch die Swimming Pools der Nachbarn zu schwimmen. «Je länger ich darüber nachdachte, umso besessener wurde ich von der Idee einer solchen Schwimmreise. Ich träumte jetzt fast nur noch von Wasser. Schwimmen und Träumen flossen ununterscheidbar ineinander. Ich war überzeugt», schreibt er weiter, «dass ich, wenn ich nur dem Wasser folgte und mich von ihm treiben liesse, unter die Oberfläche der Dinge dringen und zu neuer Erkenntnis gelangen könnte. Auch über mich.»

Das Wasser scheint unzählige Möglichkeiten zu bergen. Wenn man schwimmt, spürt man im Körper das, was ihn ausmacht – Wasser, das sich mit dem umgebenden Wasser mitzubewegen beginnt. Und auch Deakin zieht den Vergleich zum Kind im Mutterleib: «Wer schwimmt, erlebt noch einmal, wie es im Mutterleib war. Genau wie dort umgibt einen im Wasser eine intime, vertraute Welt. Im Fruchtwasser ist man sicher und bedroht zugleich ... Schwimmen ist also ein Übergangsritus, das Überschreiten einer Grenze: der Küstenlinie, des Flussufers, des Beckenrands, der Wasseroberfläche selbst.» Im Moment des Eintauchens vollzieht sich eine Art Metamorphose.

Auch Deakin litt zu Beginn des Schwimmexperiments an einer Depression. Er hatte sich von einer langen Liebe getrennt und sein Sohn Rufus war auf Abenteuer in Australien. «Ich steige als depressiver Trauerkloss hinein und komme quetschvergnügt wieder heraus. Schon durch die Nacktheit und Schwerelosigkeit fühle ich mich befreit und wild und spüre eine starke Verbindung zu dem Ort, an dem ich bade.»

Dieses Geheimnis des Wassers beschrieben schon englische Dichter vor ihm. D. H. Lawrence beschreibt es in seinem Gedicht «The Third Thing»:

«Wasser ist H_2O, zwei Teile Wasserstoff
Ein Teil Sauerstoff
«Aber da ist noch etwas Drittes, das es erst
Zu Wasser macht
Und niemand weiss, was dieses Etwas ist»

Im Wasser zu sein kommt Ned Merill, Cheevers Held, «nicht wie ein Vergnügen, sondern wie die Rückkehr in einen Naturzustand vor». Genau das ist auch meine Absicht, wenn ich schwimme: in einen ähnlich ursprünglichen Zustand zurück zu gelangen, denn tief im Inneren bin ich davon überzeugt, dass die Menschen im Pliozän zehn Millionen Jahre lang als halbaquatische Wesen im flachen Meer und an den Stränden Afrikas gelebt haben. Doch Deakin macht bei seinem Schwimmen durch die öffentlichen Gewässer Englands auch noch eine andere Erfahrung: Er spürt die Kälte, die Verunreinigung der Teiche und Flüsse durch den Menschen, und auch er denkt über das Ertrinken nach: «Während ich in meinen Tagträumen die Küste hinaufschwamm, fuhr ich zugleich die Grenzen des Unbewussten ab: den Grat zwischen Träumen und Ertrinken.» (S. 199)

Trotzdem kommt es ihm so vor, als könnte er mit Leichtigkeit die gut dreissig Kilometer an den massiven Kieswällen von Chesil Beach entlang bis nach Portland Bill weiterschwimmen.

Der Literaturprofessor John Bayley erzählt in seinen Erinnerungen an seine Frau Iris Murdoch, wie diese beim Schwimmen mit dem nahe Chesil beheimateten Künstler Reynolds Stone einmal fast ertrunken wäre. Als die drei am steilen Kiesstrand aus dem Wasser stiegen, waren die beiden Männer so sehr in ihre Unterhaltung vertieft, dass sie nicht bemerkten, wie ihre Gefährtin vom Sog einer Welle beinahe in die Tiefe gerissen wurde und nur die Wucht einer zweiten Welle sie wieder an die Oberfläche brachte. Erst spätabends, schon im Bett, erwähnte Iris den Vorfall, als hätte es sich um eine kuriose Begebenheit und nicht um die Frage von Leben und Tod gehandelt.

Die 1986 geborene kanadische Autorin Jessica J. Lee, von Hause aus studierte Umweltwissenschaftlerin, hat ebenfalls über ihr Schwimmprojekt geschrieben – es scheint, als läge das Thema allerseits in der Luft. Sie durchschwamm während eines Jahres sämtliche Seen von Berlin und Umgebung und machte sich gleichzeitig Gedanken über ihre verschiedenen Beziehungen zu Männern – sie hatte früh geheiratet und sich wieder scheiden lassen und wusste nicht recht, ob sie sich in eine neue Beziehung einlassen sollte oder lieber alleine leben wollte.

Grosser Müggelsee, Jungfernsee, Möllensee sind nur drei der fünfzig Seen, die sie alleine oder mit ihrer Freundin Anne durchschwamm. Für sie war dieses Schwimmprojekt auch ein Mittel, die deutschsprachige Literatur kennenzulernen, frühere Autoren, die über die Landschaft in und um Berlin geschrieben haben, wie beispielsweise Fontane – und sie gleichsam mit neuem Blick zu betrachten («Mein Jahr im Wasser», 2017).

In diesem Buch habe ich das Wort «Limnologie» kennengelernt. Die Seenkunde hat ihren Namen vom griechischen limne, «Sumpf», «Teich» oder «See».

Sie, als Kanadierin, die daran war, Deutsch zu lernen, verband dieses Wort mit dem englischen limen, was so viel wie «Schwelle» bedeutet. Wie für mich vollzieht sich das Schwimmen für sie an der Grenze zwischen Welten: zwischen See und Land, zwischen Natur und Kultur. Mir hat das deutsche Wort «See» immer gefallen, denn es lässt an die endlose Weite des Meeres, die Hochsee denken. Die

Limnologie lehrt uns also nicht nur etwas über Seen, sondern auch über Grenzen, über Schwellen.

«Ich wollte immer einen Swimming-Pool haben, hatte aber nie einen», schreibt die Amerikanerin Joan Didion 1979 in ihrem Essay «Holy Water». Für sie ist der Pool kein Symbol für Reichtum, sondern für Ordnung und Kontrolle über das Unkontrollierbare, das Wasser. In Poolform sei es «unendlich beruhigend für das westliche Auge». Tatsächlich ist immer wieder auf Schwimmbecken als Miniaturform des Meeres verwiesen worden, auf den gebändigten, künstlichen Ozean.

Das banale Gegenbild vom Pool als erweiterter Badewanne ist unpopulär, wohl weil es in seiner braven Häuslichkeit weniger symbolträchtige Lesarten zulässt. Denn der Pool will ja mehr sein, weil wir es so wollen. Oder können Sie sich ein Paradies ohne ihn vorstellen? Als Oase in der Wüste der Geschäftigkeit, als Ort, an dem man automatisch in einen Zustand des Angekommenseins verfällt und endlich mal einen Punkt macht. Viele meiner glücklichsten Sommerferien verbrachte ich mit Schwimmen in einem Pool in Spanien – auch viele meiner schreibproduktivsten Ferien, denn wenn ich im Wasser bin und schwimme, komme ich in andere Stimmungen, dann werden meine Gedanken so angeregt wie von nichts anderem. Während ich im Pool in der Nähe von Granada schwamm, entstanden in meinem Kopf Theorien und Geschichten. Sätze und Abschnitte schrieben sich von selbst, weshalb ich dann immer mal wieder aus dem Wasser steigen musste, um sie loszuwerden. Mein Roman «Glück besteht aus Buchstaben» ist zum grössten Teil so entstanden: Die Absätze bildeten sich, während ich schwamm, und wurden dann jede halbe Stunde oder so triefend nass zu Papier gebracht. Wenn ich ein Kapitel fertig geschrieben hatte, blieb ich erschöpft zurück und musste einen Tag Bettruhe halten.

Abends stand ich dann auf und machte einen langen Spaziergang. In meinem melancholischen Zustand wanderte ich ziellos über das Land, um mich nachher wieder in mein Zimmer zu begeben und zu schreiben, was ich sah. Ich habe das Schwimmen in verschiedenen Gewässern neben dem Lesen von Büchern stets für den schönsten und interessantesten Weg gehalten, hinaus in die Welt zu gelangen und diese in ihrer Vielfalt kennenzulernen; schwimmend lerne ich das Leben mir unbekannter Menschen, die Zwänge, Eigenheiten, Schönheiten ihrer Gesellschaft kennen.

Hallenbad versus See

Wenn man ins Wasser kommt, lernt man schwimmen.

Johann Wolfgang von Goethe

Heute bin ich wieder geschwommen, und zwar im Hallenbad Oerlikon. Als ich danach im Umkleideraum mein Handy zückte, fand ich eine Nachricht von einer befreundeten Übersetzerin. Sie schickte mir einen Artikel zum Thema Schwimmen, der in der französischen Zeitung «Liberation» stand. Darin heisst es, das Schwimmen sei ein philosophischer Geisteszustand. Man könne einen Menschen fragen, wo er schwimme, und man wisse alles über ihn: Sag mir wo du schwimmst und ich sage dir, wer du bist, irgendwie so. Immer wieder kommt mir in den Sinn: Das Wasser ist die Verwandlung. Im Wasser bin ich selbst, ein Wesen, das sich von der Erde löst und in ein anderes Element vordringt.

Gilles Bornais erinnert in einem Text über das Schwimmen, dass im Jahr 2008 in Frankreich 500 Menschen im Wasser verunglückt sind. Ist das Schwimmen also gefährlicher als beispielsweise das Fliegen? Man könnte es fast meinen. Es scheint fast so, als würde jeden Monat eine Titanic versinken. Immer wieder gehe ich schwimmen und frage Freundinnen und Bekannte, was Schwimmen für sie bedeutet, und unisono wird geantwortet: «Beim Schwimmen fühle ich mich leicht, das Schwimmen ist die einzige Form, bei der ich eine gewisse Schwerelosigkeit erlebe. Schwimmen ist für mich schlicht Daseinsform.»

Manchmal treffe ich im Hallenbad Oerlikon auf eine Gruppe von Synchron-Schwimmerinnen – ich beobachte ihre grazilen Bewegungen, ihr Wasserballett und bewundere sie für ihre Künste. Auch sie interviewte ich und fragte sie, was Wasser für sie bedeute. Sie antworteten mir, das Schwimmen sei für sie eine Lebensform, im Wasser fühlen sie sich heimisch, auch als Gruppe. Wenn sie nicht im Wasser seien, dann fühlen sie sich uneins mit sich selbst.

Heute habe ich auf Wikipedia den Artikel über das Schwimmen gegoogelt. Er ist lang und handelt sowohl die Etymologie wie auch den physikalischen Effekt und die Geschichte des Schwimmens ab. Darin erfahre ich, dass «das älteste Zeugnis des Schwimmens, ein Siegelzylinder ist, der aus dem neunten 9. bis 4. Jahrtausend vor Christus stammt und in der Höhle der Schwimmers in der Wadi Sora in Ägypten gefunden wurde». Auf einer Reise in Sizilien habe ich wunderbare Mosaiken gesehen, auf denen Schwimmer dargestellt wurden – sogar mit Bikini. Auf dieser Reise habe ich übrigens, daran erinnere ich mich noch klar, «Madame Bovary» von Gustave Flaubert gelesen, und ich weiss noch, wie ich im Alltagsleben die gleiche Atmosphäre von Schwierigkeit und tödlichem Ernst suchte, die sich durch die von mir am meisten bewunderten Romane zog.

Ein weiterer genialer Melancholiker oder depressives Genie war Lord Byron (1788–1824). Byron litt seit seiner Geburt an einer Deformität seines rechten Fusses. Und je mehr sich der Fuss zum zentralen Handicap entwickelte, umso mehr wandte sich Byron dem Schwimmen zu. Byron gehörte zu den mutigsten Schwimmern seiner Zeit, und Gewässer spielen in seinem Leben und Werk eine zentrale Rolle. Für schwimmbegeisterte Briten ist er bis heute ein Idol, hat er doch so riskante Strecken wie die strömungsstarke Meerenge zwischen dem Mittelmeer und dem Schwarzen Meer durchquert. Im Gegensatz zu Leander, der in der von Ovid erzählten Geschichte den Hellespont aus Liebe zu Hero überquerte, hat Byron es nach eigenen Aussagen einzig um des Ruhmes willen getan. Angesichts seiner Schwimmbegeisterung vermutete der Lord, in einem früheren Stadium seiner Existenz «ein Meergeist» gewesen zu sein.

Der Hellespont, also die zur Türkei gehörende Meeresenge zwischen der Ägäis und dem Marmaraeer, ist im 21. Jahrtausend zu einem Event geworden: Hunderte von Männern und Frauen, lauter Schwimmverrückte, überqueren zusammen diesen magischen Ort – viele davon sind Amerikaner.

Bodenmosaik im Bad der Villa Romana, Sizilien. Die römischen Thermen waren für die römische Bevölkerung ebenso wichtig wie die heutigen Badeanstalten für die Menschen. Daneben gab es – wie heute – auch private Badeorte, vergleichbar mit den Swimming Pools der modernen Gesellschaften.

Und viele, die durch die Meerenge kraulen, verfügen über eine Wassererfahrung, gegen die sich selbst der besessene Byron wie ein Anfänger ausnimmt. Dabei hatte der schwimmende Dichter immerhin schon schottische Flüsse, englische Seen und den Hafen von Piräus hinter sich, als er in den Hellespont stieg, Canal Grande und Genfer See kamen bald danach dran. Den Schwimmerinnen und Schwimmern geht es allen um eine «homerische Dimension». Das alte Griechenland glaubte an die heilende Kraft von Wasser. Überall sprudelten Springbrunnen, im Wasser lebten Nymphen und Götter, für den Philosophen Thales von Milet lag im Wasser der Ursprung aller Dinge.

In Pompeji kann man sich die unzähligen Bäder ansehen, die das alte Rom ausmachten. Auch die Mauren pflegten den kunstvollen Umgang mit Wasser. Die Bewässerungssysteme, die sie in Spanien bauten, sind zum Teil heute noch intakt. Doch von 400 Dampfbädern der Mauren in Granada gab es, 100 Jahre nachdem die Christen die Stadt zurückerobert hatten, nur noch eins. Dem Christentum war Wasser nicht geheuer und die Lust daran pure Sünde. Weshalb die Kulturtechnik Schwimmen im Mittelalter in Vergessenheit geriet.

In einem spannenden Buch, in dem sich zwei Frauen, die serbische Performancekünstlerin Marina Abramovich und die Psychoanalytikerin Jeannette Fischer, zusammen über Kunst und Kindheit unterhalten, berichtet Abramovich: «Ich war sechs Jahre alt und mein Vater brachte mir das Schwimmen bei. Er hatte die Geduld verloren. Ich glaube, ich war daran, schwimmen zu lernen, aber ich hatte solche Angst vor Wasser. Er nahm das Boot, ruderte mit mir in die Mitte des Meeres, nahm mich, wie man einen kleinen Hund nimmt, warf mich ins Wasser und begann wegzurudern. Ich geriet in Panik, kam unter Wasser, schrie und schrie, ich schluckte so viel Wasser – er aber kehrte nicht um, er ruderte einfach davon. Dann stoppte er, drehte sich jedoch nicht um, ich sah seinen Rücken und war so wütend, es war ihm egal, ich könnte ertrinken und er schaute nicht einmal zurück. Ich begann zum Boot zu schwimmen und er hielt seine Hände nach aussen, ohne nach mir zu schauen, er hörte mich nur kommen, nahm mich aus dem Wasser und setzte mich in das Boot.»

Diese Geschichte zeigt rückblickend, wie leicht es ist, sprichwörtlich den Boden unter den Füssen zu verlieren. Vielleicht war diese Erinnerung aus der Kindheit der Auslöser zu ihrer späteren Kunst – des metaphorischen Nichtschwimmenkönnens. Das Mädchen weiss, was es sucht: die Anerkennung des Seinkönnens, des Seindürfens, die Verlässlichkeit und Verbindlichkeit von Beziehung. Jedoch sucht es das Richtige am falschen Ort. Sie sucht es dort, wo es ihr verweigert wird: beim sich abwendenden Vater.

Vor einiger Zeit schwamm ich im Hallenbad Oerlikon. Eine ältere, äusserst gutherzig aussehende Frau stand nach dem Schwimmen beim Haaretrocknen neben mir, und wir kamen ins Gespräch. Wundersamerweise war sie eine gute Erzählerin, Mutter von zwei Töchtern und glückliche Grossmutter eines Jungen. Sie erzählte mir, dass sie auf einer Wanderung im Bieler Jura einen Herzinfarkt erlitten habe. Das sei ein starker Schwindel gewesen, schliesslich eine Übelkeit, dann sei sie zu Boden gefallen.

Ihre Begleiterin habe danach ein Auto angehalten, das die Frau sofort ins nächste Spital fuhr. Sie hatte Glück, und nach ein paar Tagen war sie wieder zu Hause. Vom Arzt hatte sie jedoch die Empfehlung bekommen, dreimal in der Woche schwimmen zu gehen – schwimmen sei gut für die Nerven, gegen Stress im Alltag, gesund für Körper und Geist. Ich war erstaunt, dass ihr Arzt ihr das empfohlen hatte. Die Frau war eine Leserin, lebte alleine und verbrachte ihre Freizeit mit dem Besuch von Malkursen und Schwimmen. Sie erzählte mir ausserdem, dass sie auf dem Dachboden ihres Hauses ein Manuskript ihrer Mutter gefunden habe. Darin habe sie einen Satz gefunden, der sie irritiert habe: «Ich habe eine Krankheit: Ich sehe die Sprache.» Sie habe den Satz lange nicht verstanden, erst, als sie eben selbst diesen Herzinfarkt hatte, sei sie diesem Satz auf die Spur gekommen.

Ein römisches Bad, wie es sich der französische Maler Hubert
Robert (1733–1808) vorstellte. Seine Zeit ist die Zeit des Empire,
das im Gefolge der napoleonischen Eroberungen griechische und
römische Vorbilder idealisierte.

4
Schwimmen und Humor:

Mit Loriots Ente in der Badewanne

«Um springen zu lernen,
muss ich ins Wasser gehen, sonst lerne ich nichts.

August Bebel

Schwimmen ist per se nicht gerade ein Sport, bei dem viel gelacht wird. Gehe ich ins Schwimmbad, herrscht dort eher eine feucht-ernste Atmosphäre: jede Besucherin zieht für sich ihre Bahnen. Und doch: besonders im Sommer wird man beim Schwimmen mitunter aus dem einen oder anderen Gesicht auch angestrahlt.

Es gibt einen schönen Sketch von Loriot, in dem zwei Akademiker zusammen in einer Badewanne sitzen und streiten. Der Sketch hat philosophisches Potenzial, wenngleich es nicht zuvorderst ums Schwimmen geht – aber Wasser kommt zuhauf vor: Herr Müller-Lüdenscheit und Herr Doktor Klöbner sitzen zusammen in der Badewanne.

Herr Müller-Lüdenscheit will warmes Wasser einlassen, Herr Doktor Klöbner ist eher dafür, kaltes Wasser einzulassen. Herr Doktor Lüdenscheit will mit der Ente baden, Herr Doktor Klöbner will das Bad verlassen, wenn die Ente ins Wasser kommt. So geht es hin und her, die beiden können sich nicht einigen, und das Hickhack ist vorprogrammiert – ein Dialog, der einen zum Lachen bringt, denn er steht sinnbildlich für alle Akademiker, die sich im Bade tummeln. Wie sagte Aharon Appelfeld nochmal? Bauern lernen leichter schwimmen.

Ein Roman, in dem sehr humorvoll über das Schwimmen geschrieben wird, stammt von Ulrike Draesner und heisst «Kanalschwimmer». Auch in diesem Buch geht es wie bei Loriot um alte Menschen im Wasser. Der Mann hatte trainiert und trainiert. Charles ist 62 und will nach seiner Pensionierung von Dover aus die französische Küste erreichen. Die Temperatur im Ärmelkanal misst höchstens 17 Grad. Ulrike Draesner hat für diesen Roman recherchiert: Sie stand in Dover am Kanal und ging bis zu den Knien ins kalte Wasser, doch sie selbst würde eine solche Überquerung nie wagen. Doch schön ist es, dieses unglaubliche Abenteuer zu erleben, ohne das Wagnis selbst einzugehen – das schafft die Literatur.

Der Ärmelkanal ist die befahrenste Wasserstrasse der Welt, es gibt einen intensiven Verkehr, zudem einen extrem Gezeitenwechsel. Die Schwimmerinnen und Schwimmer werden von einem Beiboot begleitet, gefüttert und behütet. Charles ist Naturwissenschaftler, interessiert sich für Körper, ist seit über dreissig Jahren mit Maud verheiratet, jetzt sind sie frisch nach England zurückgezogen, er macht ein Experiment, indem er sich in den Kanal begibt und damit auch über das Leben und den Tod nachdenken muss.

Ulrike Draesner hat auch mit den Beibootfahrern gesprochen, die erzählten, dass Erschöpfung ein grosses Thema sei: Die Schwimmer schwimmen ruhig vor sich hin, und du schaust einen Moment nicht hin, und schon sind sie verschwunden – hier ist sie wieder, die Lautlosigkeit, mit der Menschen ertrinken.

Diese Lautlosigkeit spielt in Ulrike Draseners Roman eine grosse Rolle, denn sie ist das, was Charles neben der Sprache finden wird – seine Ehe mit Maud geht kaputt. In der Radiosendung «52 beste Bücher» gab Ulrike Draesner Auskunft, was für sie die Herausforderung an diesem Roman war: Sie wollte sich ganz in das Wasser, das das Medium der Verwandlung sei, einfühlen, in die Landschaft des Wassers, seinen Rhythmus, seine Wellen und Gezeiten, und indem sie ganz bei dem Wasser war, habe sich auch die Geschichte ergeben, die eine Geschichte einer sich auflösenden Ehe sei.

Sie berichtete, dass sie selbst zur Schwimmerin wurde, als sie daran geschrieben habe. Und das klingt bei ihr so: «Der nächste Kandidat auf der Liste: er. Sich übergeben, zittern, weiterkraulen:

Schwimmer sein. Schwimmer zwischen Riesentankern, Fähren, Jachten, Kreuzfahrern in der befahrensten Wasserstrasse der Welt. Schwimmer, der nichts trug als eine kurze Hose, Brille und Kappe, ein nach Luft schnappender Kopf, von einem Begleitboot aus dirigiert und gefüttert auf seinem vierzehn oder siebzehn oder fünfundzwanzig Stunden andauernden Weg durch die Strasse, den Ärmel, den Jet.»

So sieht er aus, der 62-jährige Charles. Er wird es nicht schaffen, den Kanal zu überqueren. Aber sein Scheitern hat viele Gründe, nicht zuletzt den, dass man beim Schwimmen viel und gut nachdenken kann über sich und sein Leben – und das tut Charles. Nur, wo bleibt der Humor? Das Paar trennt sich ja am Ende, da ist man doch eigentlich näher bei den Tränen, oder etwa nicht? Nun, Ulrike Draesner hat mehr als zwanzig Jahre an diesem Roman gearbeitet; sie war sich jedoch von Anfang an sicher, dass sie einen älteren Mann ins Wasser schicken wollte – eben weil das auch ein gewisses groteskes oder humoristisches Potenzial besitzt.

Im Roman «Ein Regenschirm für diesen Tag» des deutschen Spaziergängers und Schriftstellers Wilhelm Genazino ist die Schwimmbrille das Hindernis für den Mann, seine Jugendliebe zu küssen: Der Ich-Erzähler erinnert sich an seine Jugendliebe, er erinnert sich an ihre schönen Wimpern und sogar an ihren Badeanzug.

Doch dann verwandelte sie sich: «Ein Jahr später erschien Dagmar mit einer Taucherbrille im Freibad. Sie zog sie jedesmal über, wenn sie mit mir ins Wasser ging. Das bedeutete, dass ich plötzlich nicht mehr ihre Augenwimpernbüschel sehen konnte, die im Wasser und in der Sonne besonders schön waren, weil sie dann glänzten und glitzerten wie kleine Zuckerkörner. Ich wagte damals nicht, Dagmar den Grund meines Rückzugs einzugestehen. Noch heute spüre ich einen kleinen lächerlichen Schmerz, wenn ich leise vor mich hin sagte: Dagmar, es war die Taucherbrille.»

Das ist wohl eine der schönsten Trennungen, von denen ich gelesen habe – sie ist sehr bildhaft und gibt zu erkennen, wie Jugendliche denken. Die Geschichte stammt aus Genazinos Spätwerk, doch hat er sich zeitlebens psychoanalytisch und philosophisch mit seiner

Kindheit in den Nachkriegsjahren auseinandergesetzt – entstanden sind mehrere Romane voller Detailversessenheit.

Für Byron, Shelley, Trelawny und ihren Anhang wird das Leben am Meer zu einer der grossen Vergnügungen eines begeistert genossenen Freundschaftskults. Was Trelawny in seinen Erinnerungen vom Aufenthalt der drei Freunde am Golf von La Spezia 1822 berichtet, die mit dem Boot über den Golf segeln, «um die Wette schwimmen, im Wasser essen, Brandy trinken, schwadronieren und sich dabei gross und glücklich fühlen, unterscheidet sich nicht mehr sehr von heutigem marinem Badeleben, war damals allerdings noch eher ein exklusives Künstlerprivileg». (Dieter Richter, Das Meer, S. 169).

Mit Lord Byron nimmt das Schwimmen im Meer sportliche Züge an. Byron schwimmt nicht nur in Venedig durch den Canal Grande und über die Lagune bis zum Lido, dabei andere zu Wettkämpfen herausfordernd, sondern überquert 1810 auch schwimmend den Hellespont (als erster, von dem es darüber eine Nachricht gibt), feiert die Tat anschliessend in einem «Schwimm-Gedicht», in dem er, «degenerierter moderner Wicht» seine Tat ironisch mit der Leanders vergleicht: for he was drowned, and I've the ague, «denn er ertrank, und mir ist kalt».

Hermann Hesse wieder zu lesen, lohnt sich in diesem Fall sehr. In «Der Steppenwolf» berichtet er: «Die meisten Menschen wollen nicht eher schwimmen, als bis sie es können. Ist das nicht witzig? Natürlich wollen sie nicht schwimmen! Sie sind ja für den Boden geboren, nicht für´s Wasser. Und natürlich wollen sie nicht denken; sie sind ja für´s Leben geschaffen, nicht für´s Denken! Ja, und wer denkt, wer das Denken zur Hauptsache macht, der kann es darin zwar weit bringen, aber er hat doch eben den Boden mit dem Wasser vertauscht, und einmal wird er ersaufen.»

Was meint Hesse? Warum wird auch hier – wie in anderen Texten – das Schwimmen mit dem Denken gleichgesetzt? Mir kommt dazu gleich eine Assoziation. Als ich etwa 16 Jahre alt war, ging ich mit einer Schulfreundin nach Splügen. Wir lasen den ganzen Tag Romane. Ich weiss noch, dass ich Peter Handke gelesen und dabei laut gelacht habe (ausgerechnet Handke, dessen Humor nicht gerade sprichwörtlich ist). Nun, ich konnte lachen bei Handke, und zwar bei einer Stelle, in der er beschreibt, wie er in einer Wirtschaft sitzt und die Kellnerin ihm einen Teller mit Salzgebäck – kleine Fischchen – hinschiebt. Er nimmt diese Geste persönlich und fragt sich, was die Kellnerin ihm damit sagen möchte: Ob er stumm sein soll wie ein Fisch? Dieses Wörtlichnehmen der Sprache hatte mich damals fasziniert.

Bei Hermann Hesses ist das Schwimmen eine Metapher, eine Metapher für das Denken. Wer zu viel denkt, der wird es zwar einmal weit bringen – aber er lebt falsch und wird eines Tages ertrinken.

Weshalb ist das Schwimmen bei vielen Autoren so wichtig? Was ist das Schwimmen überhaupt? Es ist die Sportart der Dichter und Denker, weil für sie Joggen oder Fussball nicht in Frage kommen. Und es ist die Sportart für alle Schriftsteller, die in der Regel an Rückenschmerzen leiden und deshalb für ihren Körper etwas Gutes tun müssen. Und: im Freibad übersteht man die Stimmungsschwankungen der Wechseljahre besser.

Während im Norden Ärzte die chemische Zusammensetzung des Meerwassers debattierten und Heilungssuchenden komplizierte Ratschläge über dessen vorsichtigen «Gebrauch» gaben, während Pädagogen Traktate über die Kunst des Schwimmens schrieben und ihre Schüler zögerlich in dieser Kunst zu unterweisen suchten, badeten und schwammen hier Hunderte von Menschen unbekümmert und fröhlich im Meer: im Hafen oder an der Uferpromenade von Santa Lucia. Und mehr noch: Sie taten es nackt – erst 1863, so halten es die Akten der Quaestur fest, verordnet die Stadtverwaltung in Neapel, dass von Badenden mutande, also Unterhosen zu tragen seien. Dass diese Anordnung auch Jahre später noch keineswegs allgemein befolgt wurde, zeigen historische Photographien.

Heute ist W., ein Schulfreund meines Sohnes, zu Besuch, er sagt mir, dass Schwimmen für ihn im Sommer eine lebenswichtige Disziplin ist und auch eine gute Erfrischung – er geht jedes Jahr mit seinen Eltern nach Frankreich und plantscht dort im Meer. Er sagt, er könne schon sehr gut surfen, aber noch besser könne es seine Mutter – das sei doch kaum zu glauben, meint er. Das Meer, ja das Meer ist der Sehnsuchtsort aller Schweizerinnen und Schweizer, ganz ähnlich wie

Kapitän Nemos Credo ibd Jules Vernes «20.000 Meilen unter dem Meer»: «Sie lieben das Meer, Kapitän?»

«Oh ja, ich liebe es. Das Meer bedeutet mir alles! Es bedeckt sieben Zehntel unseres Erdballs. Sein Hauch ist rein und wohltuend Hier herrscht eine ewige, niemals gestörte Ruhe. Das Meer gehört nicht den Tyrannen. Zwar können sie an seiner Oberfläche versuchen, ihr schändliches Recht durchzusetzen, können sich bekämpfen, vernichten und allen Schrecken dieser Welt verbreiten, doch schon dreissig Fuss unter der Wasseroberfläche endet ihre Macht, ihr Einfluss schwindet, ihre Herrschaft erlischt. Ah, Monsieur, leben Sie, leben Sie am Busen des Meers! Nur hier finden Sie Unabhängigkeit! Hier müssen Sie sich unter kein Joch beugen! Nur hier sind Sie frei!»

Leonardo Sciascia fällt die Farbe des Meeres auf. In der Erzählsammlung «Das weinfarbene Meer» lässt er Nenè schwärmen: «‹Was für ein Meer! Wo sonst gibt es solch ein Meer! Es sieht aus wie Wein›, sagte Nenè. ‹Wie Wein?›, fragte der Professore perplex. ‹Ich weiss nicht, wie dieser Junge Farben sieht. Als ob er sie noch nicht kennt! Hat dieses Meer etwa eine Farbe wie Wein?› ‹Ich weiss nicht, aber mir kommt es vor, als hätte es einen rötlichen Schimmer›, sagte das Mädchen. ‹Das weinfarbene Meer› irgendwo habe ich das schon mal gehört oder gelesen›, sagte der Ingenieur.»

Diese Stelle kommentierte meine zweiundachtzigjährige Schwiegermutter prompt: Wahrscheinlich war das ein Sonnenuntergang.

Heute, an einem Sonntag, bin ich wieder geschwommen. Auf dem Heimweg traf ich eine alte Bekannte, Sie erzählte mir, ihre Mutter sei vor einem Jahr gestorben – sie sei schon alt gewesen. Allerdings habe sie die vergangenen zehn Jahre, die sie im Altershcim verbrachte, nicht mehr viel gesprochen. Das sei für sie, die Tochter, sehr schwer gewesen. Nun, die Freundin erzählte mir, sie habe während dem letzten Lebensjahr der Mutter mit ihrer Familie eine Reise nach Italien unternommen. Sie hätten eine Pflegerin mitgenommen und seien dann alle zusammen in dem Pool, der zum Haus gehörte, schwimmen gegangen. Meine Freundin erzählte, dass sie ihre Mutter noch nie so gelassen und glücklich erlebt habe wie im Wasser, auf dem Rücken liegend – vertrauensvoll und leicht.

Vor diesem Gespräch war ich im Hallenbad wieder einmal redselig. Ich stand nackt unter der Dusche und fragte eine Frau mir gegenüber, was Schwimmen für sie bedeute. Ich war über ihre Antwort überrascht. Sie sagte, Schwimmen sei für sie die zweitschönste Sache auf der Welt. «Und die schönste?», fragte ich. «Mit meinem Mann zusammen sein», sagte sie und zwinkerte mit den Augen. Ich hatte wieder die selben Schuhe an wie die Woche zuvor, diesmal brauchte ich aber keine Hilfe. Als ich die Garderobe verliess, stiess ich wieder auf die rumänische Reinigungsfrau und grüsste sie freundlich. Sie kam gerade aus der Garderobe der Männer und flüsterte mir genervt zu: «Männer vergessen immer alles.»

Eine Bemerkung, die mich überzeugte, da ich dasselbe feststellen muss. Draussen vor der Tür traf ich auf eine orthodoxe Jüdin mit zwei kleinen Kindern. Auch sie fragte ich – auf Englisch – was Schwimmen für sie bedeute. Und sie sagte: «Schwimmen bedeutet für mich, mit meinen Kindern zusammen zu sein.» Sonst sei sie am Weinen, am Telefonieren und am Kuchen backen. Ich muss dazu sagen, dass ich gerade die Serie «Schitsel» im Fernsehen verfolge und an diesem Sonntag im Hallenbad vielleicht auch auf der Suche nach Klischees war.

Die schönste Bemerkung aber über das Schwimmen finde ich bei Kafka: «Ich kann schwimmen wie die andern, nur habe ich ein besseres Gedächtnis als die andern, ich habe das einstige Nicht-schwimmen-können nicht vergessen. Da ich es aber nicht vergessen habe, hilft mir das Schwimmen-können nichts und ich kann doch nicht schwimmen.» Dieses Zitat besteht aus Wiederholungen bzw. aus der Frage, was Schwimmen überhaupt ist. Die Vorstellung, dass Kafka geschwommen ist, macht mich glücklich. Als er 1911 zusammen mit Max Brod die Schweiz besuchte, ging er auch in die Badeanstalt, die damals am Bürkliplatz lag. Er staunte über die «republikanische Freiheit» der Schweizer Männer, weil diese sich in der Garderobe ungeniert vor den andern auszogen, und über den Bademeister, der das Sonnendeck samt Badegästen ebenso ungeniert mit einem kalten Wasserstrahl räumte. «Dieses Leermachen wird übrigens nicht grundloser gewesen sein, als die Sprache unverständlich ist», schrieb Kafka.

Meine Studienfreundin Julia in München hat im Dezember mit einem Kraulkurs begonnen. Sie schreibt mir in einem Brief: «Sowas habe ich noch nie gemacht – wirklich trainieren: sechs Bahnen einschwimmen, vier Bahnen Atmen üben, vier Bahnen linker Arm, vier Bahnen rechter Arm, vier Bahnen links und rechts im Wechsel, sechs Bahnen Rückenkraul zur Entspannung, vier Bahnen ohne Beinarbeit … Meine Damen und Herren! Das ist echt ein Ding (und mir will scheinen, dass ich eher lerne, was Trainieren bedeutet, als dass ich Kraulen lerne).»

Doch zurück zur fiktiven Welt.

Der österreichisch-schweizerische Schriftsteller Hugo Ramnek schreibt in seinem Roman «Der letzte Badegast» aus der Sicht eines Bademeisters Folgendes über das Wasser: «Ich kann Ihre Wasserscheu, in Ihrem fortgeschrittenen Alter, so gut verstehen, ich habe ja selbst – ich kann ja selbst nicht mehr – – – jetzt habe ich mich verschwommen – verschwommen ausgedrückt, meine ich; ich wollte sagen, ich selbst konnte ja nicht schwimmen, bevor ich schwimmen lernte, weil ja niemand schwimmen kann, der nicht schwimmen gelernt hat, ausser Babys … Embryos, die schwimmen ja schon im Mutterleib, aber Sie als Spätberufene können ja auf diese Schwimmerfahrung nicht zurückgreifen, wenigstens nicht direkt; so geht's auch mir – – gings auch mir –»

Hier ist sie wieder, die Lust, im Wasser heimisch zu werden – vielleicht gerade im Alter. Das Besondere an dieser zitierten Stelle ist das Sprachspiel bzw. die doppelte Bedeutung des Wortes «verschwommen». Ja, die deutsche Sprache ist voller Spiele und voller Missverständnisse.

Beckett ist der Genius des Humors. Ich weiss nicht, ob er jemals schwamm, aber er gehört zu meinen Lieblingsschriftstellern. Sein Genius besteht darin, dass er uns lachen lässt und uns dann durch jenes Lachen in Frage stellt. Dies ist das höchste Lachen, das dunkle Lachen: das Lachen, welches über sich selbst lacht. Es ist ein Lachen, das uns öffnet und uns veranlasst, unsere Verteidigung für einen Augenblick fallen zu lassen, aber gerade in jenem Augenblick der Schwäche fällt Becketts Humor auf das Subjekt zurück. In einem Augenblick begreifen wir, dass das Objekt des Lachens mit seinem Salzwasser das lachende Subjekt ist.

Es gibt Fische, die schnell schwimmen. Ernest Hemingways «Der alte Mann und das Meer» handelt davon: «Wenn sie nicht zu schnell schwimmen, werde ich in sie hineingeraten, dachte der alte Mann, und er beobachtete, wie der Schwarm das Wasser weiss quirlte und wie sich der Vogel jetzt fallen liess und zwischen die Köderfische tauchte, die in ihrer Panik an die Oberfläche hinaufgetrieben wurden.»

Männer sind wie Fische, sie entgleiten einem, wenn man sie packen will. Gestern traf ich in der Stadt einen Genfer. Da ich selbst einmal in Genf gelebt hatte, interessierte es mich, wie er die Menschen in Zürich wahrnahm. Er sagte, sie seien viel freundlicher im Tram und im Bus als in Genf. Er meinte auch, dass er ein leidenschaftlicher Schwimmer sei, dass er in Genf jeweils zehn Kilometer am Tag geschwommen sei, und ich fragte mich, ob ich gerade den französischsprachigen Michael Phelbs vor mir hatte: zehn Kilometer pro Tag, das war eine Menge, und als er mir davon erzählte, machte er dabei Kraulbewegungen in der Luft – Schwimmen also als Metapher, schwimmen in einer Pause, zwischen zwei Sandwiches, in Jeans und Rollkragenpullover. Schräg.

Was den Humor betrifft, ist Donald Duck unschlagbar. Mit einer schönen jungen Forscherin spaziert Donald Duck bei sommerlichen Temperaturen durch Entenhausen. Endlich kommen sie ans Wasser. Die Forscherin sagt, dass sie sich an den Bach gar nicht erinnere – sie wolle mal in ihrem GPS nachschauen – und zückt das Handy. Ducks Vetter schleicht ihnen mit einem Rucksack hinterher, er stösst sie um, und pumps! sitzen alle im Wasser. Das Handy der schönen Frau und sie selbst sind nass: «Dussel, du Tollpatsch! Tina wird sich erkälten!», schreit Duck. «Immer mit der Ruhe, Vetter! Kaltes Wasser kühlt den Kopf!» Die junge Frau klagt: Sie wisse doch nichts von der Welt, sagt sie, sie habe doch bislang nur Bücher gelesen ... Die schönste pädagogische Lektüre, Donald Duck, von dem auch wir viel lernen können.

Beobachte das Schwimmen der Fische im Wasser, und du wirst den
Flug der Vögel in der Luft begreifen.

Leonardo da Vinci

Plötzlich, kommt er mir, der Satz über das Schwimmen, denn Schwimmen ist etwas Körperliches: Der Beinschlag nimmt die Kraft aus der Hüfte, es schwingen die Knie, (nicht überspannt, nein leicht gekrümmt, wie auch die Knöchel sind): locker. Füsse, seid lockere Flossen. Jedoch unter Spannung. Die Balance zu finden einer lockeren Spannung, einer nicht störrischen Streckung ist grosse Kunst. Beim Kraulen sind jedoch auch die Arme gefordert.

Als Erster tritt der Ellbogen aus dem Wasser hervor, und der Ellbogen führt, die Muskeln am Unterarm entspannen sich, und in dem Moment muss geatmet werden, doch schon reisst der andere Arm nach vorne – die Muskeln des Arms sind entspannt, der Ellbogen führt. Wie die Autorin Monika Rink den Ablauf des Schwimmens beschreibt: «Eins, zwei drei, Füsse wie Flossen, eins zwei drei, Kraft aus der Hüfte. Locker die Knie, doch sei gestreckt. Dreimal die Beine schlagen pro Armzug, eins zwei drei, kippe die Hüfte, zeige die Schulter, atme hinein, Schwung aus der Hüfte, Arm geht nach vorne, ausatmen, ausatmen, ausatmen, ausatmen, nicht tauche den Daumen als Ersten, leicht kippe den Arm, Mittelfinger hinein, dann ziehe, ziehe gerade nach unten, eine kurze Zeit liege in Ruhe, ein Zug, Hüfte kippen, andere Seite, eins zwei drei, Schulter zeigen, atmen, mit dem Schwung aus der Hüfte reisse den anderen Arm, finde das Schlupfloch, liege ruhig, am schnellsten bist du, wo du gar nichts tust, sondern nur gleitest. Arme, Hüften, Knie, Hände, Beine zählen Bahnen. Die Bahnen zählen dich.» (Rinck, S. 156)

Sir Lawrence Alma-Tadema, 1836 –1812. Die Caracalla-Thermen, ein Bild nach den Fantasien der britischen Oberschicht. Völlig unglaubwürdig das Ganze, Frauen und Männer besuchten nie die Thermen zur selben Zeit.

5
Schwimmen und Reden:

Geschichtensammler

Bevor mein Sohn in die erste Klasse kam, besuchte ich mit ihm das Luzerner Verkehrsmuseum. Wir setzten uns in die hinterste Reihe dieses Kuppelkinos und warteten auf den Beginn des Films. Ausser den kleinen Einschlaf-Filmchen und Märchen auf meinem iPad hatte mein Sohn noch keinen Film gesehen. Nun also grosses Kino. Es begann mit einem Schiff, wir Zuschauer befanden uns auf einem Schiff inmitten des Meeres, dann begann es zu regnen und zu stürmen, ein Gewitter also, das Schiff begann zu schaukeln, und in diesem Moment fing mein Sohn an laut zu schreien: «Ich will raus, aber nicht ins Wasser, ich will ans Land, ich kann nicht schwimmen!»

Und plötzlich hatte ich meinen Satz über das Schwimmen: Die Funktion des Schwimmens besteht in der Anregung von Empfindungen, der Erneuerung von Erinnerungen an Augenblicke der Vollkommenheit. Und es bedeutet für mich persönlich Freiheit.

Für drei Monate besuchten meine Familie und ich das Kameruner Grasland im Westen Afrikas. Es war für uns alle die erste Reise, in ein Land, das so ganz anders ist als die Schweiz: chaotisch, laut, gefahrvoll, lebensprall. Wir waren in einem kleinen Häuschen untergekommen in einem Dorf mit Kunsthandwerkern: Töpfern, Webern und Schnitzern. Das Häuschen hatte kein Wasser, und wir waren schmutzig von der roten Erde, die das Land bedeckte. Ein Nachbar brachte uns in Kanistern Wasser, und so wuschen wir uns jeden Abend vor dem Schlafengehen mühselig, indem wir mit einer Schale Wasser über unseren Körper gossen.

Wir erkundeten die Umgebung hinten auf dem Sitz eines Mo-

torrads, und plötzlich entdeckten wir ein Schwimmbad. Es war das
erste Mal für mich, dass ich mit meinem weissen Körper inmitten
der vielen Schwarzen schwamm. Beziehungsweise: Die Afrikaner
schwammen nicht, sondern plantschten wie Kinder im Becken, es
war ein heilloses Durcheinander in dem kleinen Becken, laut wie auf
einem Markt, aber auch lustig und frei. Ich blickte auf meine Haut
und konnte mir gar nicht vorstellen, dass ich nicht ebenso schwarz
war wie die anderen im Bad. Eine Erfahrung von Fremdheit, wie ich
sie sonst noch nie erlebt habe.

Ferdinand von Schirachs beschreibt in seinem Buch «Kaffee und Zi-
garetten» sein Treffen mit dem schwedischen Schriftstellerkollegen
Lars Gustafsson. Lars Gustafsson unterrichtete in Austin Literatur
und Philosophie. 1983 war er auf einer Lesereise durch Europa. In
Konstanz besuchte von Schirach eine seiner Veranstaltungen, und
danach fragte er ihn, ob er Lust hätte, eine Runde Tennis mit ihm
zu spielen (Lars Gustafsson hat ein herrliches Buch über Tennis geschrieben). Er sagte zu. Am nächsten Morgen holte er ihn ab, ein
hellblauer Tag im Hochsommer. Sie spielten hochkonzentriert zusammen, Gustafsson hatte einen guten Schlag. Und danach machten die beiden Schriftsteller das, worauf es mir ankommt: sie gingen
schwimmen. Was ist das genau für eine Vorstellung, dass zwei doch
ziemlich bekannte Schriftsteller zusammen schwimmen gehen.

In meiner Kindheit ging ich manchmal allein ins Freischwimmbad.
Der Eintritt kostete zwei Franken, niemand lag auf dem Rasen, es
war noch zu kalt für die Badegäste. Ich setzte mich auf die Bank
unter der alten Weide, ihre Zweige hingen ins Wasser. Der See ist
vollkommen glatt. Hier habe ich in einem Sommer vor dreissig Jahren zum ersten Mal Thomas Manns «Buddenbrooks» gelesen, ich
hatte damals kein Wort verstanden, weil ich noch nicht wusste, was
Zeit ist. Aber ich erinnere mich an eine Formulierung: «Sie schämte
sich über alle Massen.»
Obwohl wir einerseits auf eine geheimnisvolle Weise unterschied-
lich sind, sind wir Menschen trotz aller individuellen und kulturel-
len Unterschiede eine Spezies, eine Familie, Brüder und Schwestern

mit ähnlichen Bedürfnissen und in einer ähnlichen Lage. Wir sind alle in dieses Dasein hineingeboren worden, haben Hunger, Durst und Lust zu schwimmen, suchen Heimat, Liebe, Anerkennung. Und wir sind alle Teil der lebendigen Fragen, welche die Mitgliedschaft in unserer Spezies nach sich zieht: Wer bin ich? Worauf kann ich hoffen? Was soll ich tun, was lassen, was bedeutet es, eine Schwimmerin zu sein?

Im Thermalbad des Zürcher Löwenbräuareals hört man unter Wasser Musik – manchmal gehören also auch Musik und Wasser zusammen. Musik ist Leben; das ist das Wichtigste ihrer Botschaft – aber nicht das Leben im Sinn von Geborenwerden und Verfall, sondern im Sinn von Lebendigkeit: Sie ist das, was den Menschen verpflichtet, zu leben. Und Wasser, als das lebendige Element gehört dazu. Seit neuestem gibt es auch wasserdichte Kopfhörer, sodass sich diese an sich langweilige Sportart in eine Art Tanz verwandelt.

Gerold Spät ist ein sprachgewaltiger Autor. In seinem Roman «Unschlecht» kommen viele red- und trinkselige, aber auch viele schweigsame Figuren vor. In Rapperswil, wo der Roman handelt, wird viel gelacht. Aber auch geschwommen und Boot gefahren. An einer Stelle wird geflucht und ausgerufen: ‹‹Der alte Irniger soll abfahren!›, rief ich, vielleicht um abzulenken. Ich habe ein angebranntes Brett aus dem Feuer gezerrt und dem bleichen Grinser mit dem Strick am Hals an den Grind geschlenzt. Aber der grinste weiter, und das Brett wirbelte funkenstiebend ins Gras. Knill suchte eine Unterhose und raunzte, ich solle aufhören mit dem gottverfluchten Blödsinn. Der alte Irniger verzog sich dann doch; er schwamm in die Dunkelheit hinein, hinaus in die Nacht.»

Ich sitze in einem Café und frage die Kellnerin, was schwimmen für sie bedeute. Sie zögert mit einer Antwort, doch schliesslich sagt sie nicht, dass es kein Sport sei für sie, sondern Erholung von der Arbeit. Mir gegenüber sitzt eine Mutter, die mit ihrer Tochter Deutsch lernt. Ich kann nicht schreiben, mir fällt nichts mehr ein. Doch in diesem Moment spricht mich ein Mann an. Der Mann erzählt von seiner Heimat, die er verlassen musste, von der Natur im verlassenen Land und davon, wie schön es war, den Tag einsam in der Landschaft mit den Ziegen zu verbringen. Er singt von all den Toten, die in dem verlassenen Land unter der Erde liegen und von den Seelen, die in jedem Baum, in jedem Grashalm weiterleben. Er erzählt davon, dass die Ernte schlecht war und er deshalb das Land verlassen musste. Dass er aber Sehnsucht nach dem Land habe und sich in seiner neuen Heimat nie ganz zu Hause fühle.

Er erzählt mir auch, dass es in seiner Heimat keine Schwimmbäder gebe – die Infrastruktur fehle dazu. Das hat mich interessiert. Er sagte, er stamme aus Zypern, und da verstand ich: ein Land, das mitten im Meer liegt, braucht keine Schwimmbäder. Oder vielleicht erst recht? Ist nicht das Meer verseucht von Algen und anderen Seeungeheuern?

Doch zurück zur Literatur.

Günther Grass berichtet in seiner Novelle «Katz und Maus»: «Mit flachem Kopfsprung ging ich vom Laufsteg ab, schwamm los, wechselte oft die Lage und beeilte mich nicht. Während ich schwamm und während ich schreibe, versuchte und versuche ich an Tulla Pokriefke zu denken, denn ich wollte und will nicht immer an Mahlke denken. Deswegen schwamm ich in Rückenlage. Nur so konnte und kann ich Tulla Pokriefke knochig, in mausgrauer Wolle auf dem Geländer hocken sehen: kleiner verrückter schmerzhafter wird sie; denn uns allen sass Tulla als Splitter im Fleisch – war aber, als ich die zweite Sandbank hinter mir hatte, weggewischt, kein Punkt Splitter Loch mehr, nicht mehr schwamm ich von Tulla fort, schwamm Mahlke entgegen, schreibe in deine Richtung: Ich schwamm in Brustlage und beeilte mich nicht.»

Grass hat verstanden, dass man beim Schwimmen gut denken kann, ja, dass Schwimmen und Denken eins ist. Imperfekt und Präsens wechseln sich ab, so wie der Schwimmer von Rückenlage auf Brustlage wechselt. Das Wasser trägt. Das ist die Quintessenz aus dieser Szene. Es trägt uns alle, sommers wie winters, es trägt die Schüchternen genauso wie die Mutigen, die Schönen genauso wie die Hässlichen, die Dicken genauso wie die Dünnen.

Auch in der österreichischen Literatur kommt das Schwimmen und Reden vor. Zum Beispiel In Clemens Setz' Roman «Söhne und

Planeten». Da gibt es eine Schwimmrunde von Männern, die zusammen über Dichter diskutieren, die man vor allem im Frühling lesen sollte: Jaroslav Seifert, Vicente Aleixandre, Ezra Pound. Und dann kommt die Schwimmstelle: «Man schwamm zusammen, ohne den Gastgeber, aber der war ohnehin trübsinnig und nicht sehr gesprächig. Die Unterhaltung drehte sich um österreichische Literatur. Der eine war für Hans Lebert, der andere für Thomas Bernhard, ein anderer wieder für Herbert Eisenreich. (…) Karl Auer musste kurz untergetaucht sein, denn plötzlich begann er zu husten und sich auf die Brust zu klopfen. Man eilte hinzu, ihm zu helfen. Er hatte Wasser geschluckt und spuckte und fluchte. Als Auer sich wieder gefangen hatte, setzte sich René Templ in die Ecke des Schwimmbeckens, das Wasser stieg ihm bis zum Hals, und er betrachtete die Gruppe. Ein Strohhut schützte seinen Kopf vor zu starker Sonne.»

Die Szene stammt aus dem Kapitel «Die Besprechung»; es geht darin auch um die Frage nach literarischen Vorbildern. Und darum, dass auch Philosophen schwimmen – wie der eine aus der Schwimmgruppe, der sogar mit Zigarre ins Wasser geht und auf dem Rücken treibend kleine Rauchzeichen von sich gibt. Sie baden also nicht nackt, sondern mit Zigarre, Brille oder Strohhut – wer weiss, wie alt die Männer sind … Aber so wie der eine stelle ich mir meinen Vater vor. Er wird mir immer ein Rätsel bleiben. Der Unterschied zu meiner Kindheit ist nur, dass ich es nicht mehr lösen will, lösen muss, um in Frieden zu existieren. Natürlich verdanke ich ihm einiges, nicht zuletzt, dass er mir beibrachte, wie man im Wasser den «toten Mann» macht.

Wenn ich vom Schwimmen komme, fällt mir jeweils jeder Schritt schwer: Arthrose in den Kniegelenken und eine «frozen shoulder» bestimmen den Rhythmus meiner alltäglichen Verrichtungen. Nach dem Schwimmen dusche ich manchmal meine Beine kalt ab, von unten nach oben in Richtung Herz. Das tut der Seele gut.

Eine spannende Stelle, in der jemand ertrinkt, findet man in Stefanie Sourliers Erzählung «Kupfersulfatblau»: «Paul kann schwimmen, Paul schwamm schneller und geschmeidiger als ein Fisch, früher. Ich habe eher an ein Kind gedacht, das sich ohne die orangefarbenen Schwimmflügel ins tiefe Wasser gewagt hat, für einen kurzen Augenblick der Aufmerksamkeit seiner Mutter entschlüpft. Eigentlich habe ich gar nichts gedacht.»

Dieser Paul ertrinkt in dem Swimmingpool und muss beatmet werden, und die Erzählerin kann diese Situation gar nicht richtig fassen, denkt zurück an ihre Kindheit, daran, dass sie mit elf Jahren sterben wollte und Kupfersulfat aus dem Chemiekasten schluckte. Der Schluss der Erzählung nimmt sowohl die Farbe als auch das Thema des Untergehens bzw. des Todes wieder auf: «Ein paar Leute sind stehengeblieben und diskutieren mit einem Bademeister. Man hätte auch nicht gedacht, dass er nicht schwimmen kann, sagt der Bademeister und grinst. Ich blickte an ihnen vorbei zum Schwimmbecken, das kupfersulfatblau leuchtet im Licht der Nachtmittagssonne. Ich hätte nicht gedacht, dass man Schwimmen verlernen kann.»

In dieser Erzählung geht es auch um Farben – und darum, wie man eine Geschichte beginnt und wie man sie beendet. Die Farbe des Wassers verändert sich im Laufe der Geschichte, genauso wie die Gesichtsfarbe von Paul. Nachdem er nämlich aus dem Wasser gezogen wurde, ist das Wasser hellblau, weil der Boden und die Wände blau gestrichen sind. Er selbst ist weiss. Am Schluss ist das Wasser kupfersulfatblau wie das Gift der Schwester zu Beginn der Geschichte. Es könnte ein Hinweis sein, dass die beiden nicht nur Geschwister, sondern sogar Zwillinge sind – oder dass sie wenigstens auf eine gemeinsame Geschichte zurückblicken können.

Heute war ich spazieren und begegnete Frau Leibnitz; sie musste über siebzig sein, sie lief langsam und knickte mit dem rechten Fuss ein wenig ein. Sie ging an mir vorbei, weil sie mich nicht (mehr) erkannte oder sich nicht (mehr) an mich erinnerte. Es war ein Trost, dass man nicht von allen wiedererkannt wurde, denen man irgendwann einmal begegnet war. Es bedrückte mich, dass ich nicht mehr wusste, was es mit Frau Leibnitz auf sich hatte. Man kann dabei zuschauen, wie man vergessen wird. Das war das letzte Kapitel, das jeder Lebende zu lernen hatte.

Inzwischen war Montag und in der Zeitung las ich ein paar Artikel über die Corona-Krise, die mich nicht interessierten. Ich las die Zeitung von hinten. Auf der Sportseite stand, dass irgendeine ukrainische Schwimmerin aufgehört habe zu schwimmen, weil sie ihr drittes Kind bekommen hatte, dann las ich, dass das Frühstücksei am Verschwinden sei und die Soulsängerin Tanja Dankner nun ja – ich habe keine Ahnung, wer sie ist.

Am Morgen, in der Bäckerei, als ich Brötchen und Marmelade kaufte und die vielen Rentner sah, dachte ich an meine Angst, oder – Angst ist vielleicht das falsche Wort, aber blankes Entsetzen ergreift mich angesichts der Annahme, dass vielleicht in einem von hunderttausend möglichen Welten eine Gesprächsvariante existiert, in der ich auf das Stichwort Angst genau das richtige antworte, aber ich errate es nicht, ich erwische die richtige Antwort nicht, verfehle sie womöglich nur knapp, zupfe an der falschen Stelle des Gesprächsfadenknäuels und ergattere eine unmittelbar neben der richtigen Antwort lauernde vollkommen falsche, vernichtend espritlose Antwort und vergeige die Chance meines Lebens, hätte ich fast zu der Bäckerin gesagt.

«Warum Angst?», sagte sie aber nur.

«Wegen der Corona-Krankheit», erklärte ich der Verkäuferin, die etwas übergewichtig war und ausserdem einen leichten S-Fehler hatte. Ich verabschiedete mich.

Überall sitzen und stehen und warten Alte und ruhen sich aus und geben zu, dass sie nichts mehr wollen. Die vielleicht Einzige, die nichts mehr wollte, jedenfalls in der Bäckerei, war ich. Ich gehörte mal wieder zu den Menschen, die oft nicht wissen, was mit ihnen los ist. Diese Menschen vergessen schnell, was sie unterwegs gesehen, gedacht und gesagt haben. Das blosse Umhergehen in den Strassen hatte keinen guten Ruf.

Zwei Tage später traf ich im Hallenbad City einen vertraut erscheinenden Mann. Sofort fielen mir etliche intime Details ein. Ich empfand Glück, dass ich frei war, das heisst fast erinnerungslos an dem Tag, ausserdem nicht krank, nicht schüchtern und nicht bankrott. Vor dem Eingang des Hallenbads gab es einen Fahrradständer, wo ich mein Rad hinstellte. Ich überlegte, woher ich den Mann kannte. Er trug ein dunkelblau-grün kariertes Hemd und eine Jeans. Ich erinnerte mich: ohne Ergebnis. War es Max, mit dem ich (long long ago) auf der Gartenreise in Hannover war? War es Michael, der mit mir das Pariser Musée d'Orsay besuchte? Oder Tom, der Rom nicht verlassen wollte, ohne die Caracalla-Thermen besucht zu haben? Ich erinnerte mich an die Gesichter, an die Namen und zuletzt an … ach, ich weiss nicht an was. Mein Blick schweifte umher und konzentrierte sich dann auf die Flecken auf meiner Bluse. Die Flaschen etc. konnte ich wegwerfen, die Bluse nicht. Oder vielleicht doch?

Aber als ich da vor dem Hallenbad diesen Bekannten traf, musste ich wieder mal an meinen Vater denken. Auch er war von Krankheiten, Unglücken und unrealistischen Phantasien beherrscht; über nichts davon redete er – erst im hohen Alter, als ich mich besser mit ihm verstand. Ich nahm da Anstoss an seinem Körpergeruch, an seinem Hexenschuss, an seiner Hose, an seiner Selbstvernachlässigung. Wenn ich ihn besuchte, bedrückte mich sein Geruch, wenn ich ihn das nächste Mal besuchte, sein Hexenschuss, wenn ich ihn wieder besuchte, sein Anblick, und wenn ich ihn erneut besuchte, seine Hose – wenn ich ihn nicht besuchte, hatten meine Empfindungen frei.

Mein Vater war Messmer von Beruf gewesen, hatte eine Frau und vier Kinder und immer zu wenig Geld. Als mein Bruder in der Schule gescheitert war, hoffte er, dass er jetzt schnell Geld verdiente und ihn entlastete. Er hatte, fürchtete ich, nie wirklich begriffen, dass er eine Familie hatte, die von Jahr zu Jahr mehr Geld verbrauchte. Auf dem Hochzeitsfoto war zu sehen, wie schüchtern er war, seine Frau (unsere Mutter) ebenfalls.

Vom Fetisch Badehose schreibt Ruth Schweikert in ihrem Roman «Augen zu»: «Am zweiundzwanzigsten Mai rasierte sie sich die Haare vom Kopf, kaufte sich in der Apotheke Notfalltropfen nach Dr. Bach und hörte auf, sich zu waschen. Als Aleks mit Vollglatze und ungeschminkt, mit ausgeleiertem Bikinioberteil, das die Schwangerschaftsstreifen am Bauch freilegte, mit unvorteilhaft geschnittenen Jeans, so hässlich wie möglich, um niemanden zu täuschen und wenig später zu enttäuschen, am achtundzwanzigsten Mai 1994 kurz vor elf Uhr abends Ortszeit das Bistro Arleccino betrat, standen sechs ihr unbekannte Mittdreissiger an der Bar.»

Das Bikinioberteil kommt hier etwas unvermittelt, aber die Stelle ist originell, denn sie zeigt, wie eine Schwangerschaft den Körper verändert und der Busen plötzlich so gross ist wegen des Milcheinschusses, dass er das Bikinioberteil ausleiert. Überhaupt tragen viele Frauen gerade deswegen nach einer Geburt kein Bikini mehr, sondern einen zweiteiligen Badeanzug, der den Bauch verdeckt. Mir gefällt an dieser Stelle das Zugeständnis der Hässlichkeit, denn es stimmt ja schliesslich: Schwangere Frauen – und Männer, by the way – in ausgeleierten Badehosen können ganz schön hässlich sein. So auch ich – für diesen Sommer muss ich mir ein neues Badekleid kaufen!

Bleiben wir bei den Kleidern und dem Schwimmen. Die französischen Zeichner und Autoren Sempé und Coscinny haben mit dem «Petit Nicolas» der Schule und ihren Lehrern ein Denkmal gesetzt. Auch der kleine Nicolas geht mit seinem Lehrer und der Klasse in ein Schwimmbad. Alle freuen sich riesig, tauchen, plantschen, machen den Delphin – ausser Alceste, der zu viel isst und dem vom Lehrer verboten wurde, mit vollem Magen ins Wasser zu gehen. Der Lehrer steht in Kleidern auf dem Sprungbrett und beobachtet seine Elèven – und dann, mit einem Mal, nimmt er Anlauf und macht mitsamt seinen Kleidern einen Kopfsprung ins Becken. Die Schüler applaudieren. Und der Lehrer ist patschnass und hat den Kindern ein Kunststück vorgemacht – ein gutes Vorbild: im Zweireiher im Wasser, und die Kinder in Badeshorts. Das kann nur ein Franzose sein, der so viel Eleganz in diese Szene setzt.

Schwimmen tun im Sommer alle, auch Rabbiner, so erzählt es der neue Roman der Autorinnen Nicole Dreyfus und Doris Herrmann: «In Tel Aviv radelten gerade unzählige Kinder und Jugendliche mit ihren Badesachen und einem Picknick im Gepäck in Richtung Meer. Mitten unter ihnen war auch ein in die Jahre gekommener Wagen auszumachen, der die Strandpromenade entlangfuhr. Darin sassen Rabbiner Mosche Level und seine Frau Daliah.»

So beginnt der Roman «Mosches Reise», die Geschichte eines Rabbiners, der sich auf die Spuren seiner eigenen Geschichte macht und schliesslich in Australien bei den Kängurus landet. Dieser Romaneinstieg zeigt auch, wie friedlich es in einem Land zu und hergehen kann, aus dem sonst viele schlechte Nachrichten kommen: Baden und picknicken, das ist das Programm des Rabbiners an einem herrlichen Sonnentag. Dass auch er sich fast nackt in der Badehose zeigen wird, zeugt von seiner Offenheit – und von seinem positiven Verhältnis zu dem eigenen Körper.

Heute ging ich auf meinem Spaziergang am Freibad unseres Quartiers vorbei. Es ist Ende März, und das Becken ist noch leer. So ein leerer Pool besitzt eine eigene Ausstrahlung. Die Blätter vom Winter liegen noch im Becken, und die blau gekachelten Mauern leuchten im Frühlingslicht. Dort hatte ich ein freundliches Gespräch – mit einer Leserin. Sie erzählte mir, dass sie jeweils genau wisse, wohin sie gehe, wenn sie eine Buchhandlung betrete: die Treppe hinunter zu den Abteilungen RELIGION, SELBSTHILFE und PSYCHOLO-GIE. Diese drei Abteilungen schienen immer zusammen zu stehen, sagte sie, vielleicht mussten sie sich gegenseitig stützen. Viele der ausgestellten Titel seien ihr wohlbekannt.

Ebenso bekannt sei ihr das Gefühl, sich unauffällig am SELBST-HELFER-Regal entlangzuschieben und so zu tun, als wolle man ganz woanders hin – vielleicht zu ANDEREN HELFEN oder BELLETRISTIK – und sei überhaupt nicht auf dringende Hilfe angewiesen, ganz egal, woher. Selbsthilfe sei schon für sich selbst genommen keine besonders hilfreiche Kategorie – diese Leserin und Gesprächspartnerin am Pool, die mir aufgefallen war, konnte sich nicht selbst helfen, deswegen hatte sie ja so viele dieser Bücher gekauft und unbefriedigend gefunden.

Das war eine lustige Gesprächspartnerin, und ich sagte ihr, sie solle doch stattdessen lieber Romane wie «Nichts, was man fürchten müsste», «Lügen über meinen Vater» oder «Alkohol» lesen, die enthielten mehr an psychologischen Details als jeder Ratgeber. Ich verabschiedete mich von ihr mit einem Gefühl, als hätte ich eine Kumpanin kennengelernt.

Jetzt, wo ich meinen Bericht über das Schwimmen durchlese, sehe ich, was da an Prosa entstanden ist; es ist in meinen Augen von laienhafter Durchsichtigkeit – ich besitze im Moment gerade noch genug Phantasie, um einen Schuldschein auszufüllen oder die Gebrauchsanweisung unseres Handstaubsaugers zu lesen. Ich merke, dass die Schauplätze wechseln, Eltern, ehemalige Liebhaber, Trösterinnen, Feinde und Passanten von der Strasse gleichermassen vorkommen wie ich – ein Beweis für das Chaos in meinem Kopf. Die Literatur hat mich in diese Situation hineingebracht, und die Literatur muss mir wieder heraushelfen. Das, was ich schreibe, ist alles, was ich habe, und wenn die Literatur mir das Leben in den zwei Jahren seit meinem ersten Roman auch nicht gerade leichtgemacht hat, so ist doch die Literatur das einzige, worauf ich vertraue.

Es gibt viele Coming-of-Age-Romane, in denen das Schwimmen ein Thema ist. Unter anderem auch bei dem japanischen Exzentriker Yukio Mishima. In seinem Roman «Bekenntnisse einer Maske» schreibt er unter anderem: «Ich durfte auch nicht am Schwimmunterricht der Schule teilnehmen und kann daher bis heute nicht schwimmen. Wenn ich daran denke, was für einen permanenten ‹Reiz› das Meer in späteren Jahren auf mich ausübte und mich hin und wieder regelrecht erschütterte, kommt der Tatsache, dass ich nicht schwimmen kann, einige Bedeutung zu.» (S. 76)

Das Schwimmen ist – besonders in der Pubertät – mit Erotik konnotiert. Der Ich-Erzähler ist nicht nur körperlich schwächer als seine Mitschüler, auch seine Gefühle machen ihn zum Aussenseiter. Er war als Kind an leichter Tuberkulose erkrankt und durfte am Strand nicht an der Sonne sitzen. Übertrat er das Verbot, wurde ihm das sofort mit einer Fieberattacke heimgezahlt.

Dieser Moment zeigt, wie verletzlich junge Menschen sind, es zeigt die Unsicherheit des Pubertierenden und seine Angst vor dem Erwachsenwerden. Es zeigt einen jungen Menschen auf der Suche nach seiner Identität.

Ein besonders schönes Buch, in dem es um die Mutter-Sohn-Beziehung geht – und um das Trauma des nicht Schwimmen-Könnens stammt von Adam Baron. Es ist ein Buch für Kinder und Jugendliche und heisst «Frei schwimmen». Es handelt sich um einen halb humoristischen, halb melodramatischen Thriller.

Ein Junge schwimmt sich frei. Paradoxerweise hatte er in seinem Leben, soweit er sich erinnert, noch nie Kontakt mit Wasser. Wann immer er seine Mutter fragt, warum sie nie mit ihm Schwimmen geht, hat sie seltsame Ausreden parat: «In Flüssen, behauptet sie, sind

Krokodile (sie wohnen im Südosten von London); Seen, sagt sie, sind so was wie die Lochs von Schottland, da könnte es Ungeheuer geben wie das Loch». Man ahnt bald, trotz oder gerade wegen des vergnügten, pointierten Tons des Ich-Erzählers Cymbeline, dass er sich freischwimmen muss von Dingen, von denen er nichts weiss, die sein Leben aber deswegen umso mehr bestimmen.

So richtig in Fahrt kommt die mit Spannung und Witz erzählte Suche nach der Wahrheit, nach dem Trauma am Grund seines Familienlebens, als in der Schule Schwimmunterricht angesagt ist und er beinahe ertrinkt. Hier setzt der Originaltitel von Adam Barons Kinderbuchdebüt – «Boy Underwater» – an, und tatsächlich liest sich der Rest der Geschichte wie der Kampf gegen einen übermächtigen Strudel, der den Jungen mit sich reisst.

Der Roman ist furios geschrieben und keine Sekunde langweilig. Allerdings kann er sich nicht so recht entscheiden, ob Cymbelines schreckliche Familiengeschichte nun im melodramatischen oder im grotesk-humoristischen Modus erzählt werden soll. Der Untertitel der Geschichte lautet: «Wer die Wahrheit sucht, muss tief tauchen.»

Bleiben wir beim Thema Schwimmen in Kleidern. Auf Netflix läuft gerade die Serie «Unorthodox». In der zweiten Serie gibt es eine schöne Schwimmszene: Eine Gruppe Jugendlicher fährt mit dem Auto an den Wannsee. Darunter ist auch eine New Yorker Jüdin, die Hauptfigur der Serie, eine junge Frau, die gerne Pianistin werden möchte und in Berlin um ein Stipendium ansucht. Nun, im Auto entspinnt sich eine kurze Diskussion um den zweiten Weltkrieg. Schliesslich kommen sie an den Wannsee, alle ziehen sich aus und gehen ins Wasser, nur die New Yorker Jüdin schämt sich ihres Körpers, getraut sich nicht, sich auszuziehen. Erst nachdem eine Freundin ihr gut zuspricht, zieht sie langsam und peinlich gerührt ihre Strümpfe aus, drückt das Couvert mit Fotos ihrer Familie und nähert sich dem Wasser.

Es ist eine sinnliche Szene, die jetzt folgt. Rund herum sieht man junge Leute halbnackt im Wasser plantschen, doch unsere Hauptfigur geht im Rock und Pullover ins Wasser – und zieht im Wasser ihre Perücke aus, eine Szene, die kulturelle und religiöse Unterschiede zeigt – und auch den historischen Aspekt des Ortes mitträgt: Juden sind in diesem See von Hitler weggeschwommen.

Yann Martels Roman «Schiffbruch mit Tiger» bekommt der Held einen eigenen Namen: «Meinen Namen habe ich nach einem Schwimmbad. Sehr merkwürdig, wenn man bedenkt, wie wasserscheu meine Eltern waren.»

Und ein paar Abschnitte weiter heisst es: «Es wurde nicht nur geschwommen, es wurde auch vom Schwimmen geredet. Das Reden war der Teil, den Vater mochte. Je standhafter er sich weigerte, tatsächlich ins Wasser zu gehen, desto glühender malte er es sich aus. Das Fachsimpeln unter Schwimmern war seine Erholung nach alldem, was täglich bei der Arbeit im Zoo zu bereden war. Wasser ohne ein Flusspferd drin war so viel leichter zu beherrschen als Wasser mit.»

Schwimmen ist für diese Familie existenziell. Der Sohn wird denn auch «Piscine» genannt, nach dem Lieblingsschwimmbad seiner Eltern in Paris: «Das Becken war sechs Meter zu lang. Das Wasser aus diesem Becken kam direkt aus der Seine, ungeklärt und ungeheizt. ‹Es ist kalt und schmutzig›, sagte Mama. ‹Das Wasser war schon durch ganz Paris geflossen, und so sah es auch aus. Und die Leute, die drin badeten, haben dafür gesorgt, dass es noch ekliger wurde.›»

Der Sohn mag den Namen, den ihm seine Eltern gegeben haben, nicht, da er deswegen in der Schule gehänselt wird, und in jeder einzelnen Schulstunde, in Deutsch, in Französisch, im Malkurs und in Mathematik schilderte er seinen Mitschülern, dass er nicht Piscine heisse, wie das Schwimmbad in Paris, in dem seine Mutter so gerne geschwommen sei, sondern «Pi», wie die Zahl Pi.

Die Mutter hatte ihre Erinnerungen, der Vater seine Träume. So kam das Kind zu seinem Namen, als er drei Jahre nach seinem Bruder als letzter, willkommener Spross seiner Familie, das Licht der Welt erblickte: Piscine Molitor Patel. Das Schwimmen wird später im Buch wichtig, als die Hauptfigur Pi nämlich einen Schiffbruch erlebt und mit einem gefährlichen Tiger auf dem Meer treibt – da nämlich sitzt er in Gefahr, und sowohl er als auch der Tiger schwimmen immer wieder um ihr Leben.

Wasser tut einfach gut. In dem Roman «Chronist der Winde»

von Henning Mankell geht die Hauptfigur Yabu Bata ins Wasser: «Dann ging er ins Wasser, nachdem er die Hosen an seinen kurzen, krummen Beinen hochgekrempelt hatte. Nelio war neben dem Koffer stehengeblieben, damit er ihn rasch wegrücken könnte, falls das Wasser weiter hinausrollte. Der weisse Sand war sehr heiss. Yabu Bata watete hin und her und spritzte sich Wasser ins Gesicht. Als er wieder herauskam, forderte er Nelio auf, das Gleiche zu tun.

– Es erfrischt, sagte er. Das Herz schlägt langsamer, das Blut fliesst ruhiger.

Nelio ging ins Wasser hinaus. Als er sich hinabbeugte und trank, schmeckte es scheusslich. Er spuckte, während Yabu Bata zufrieden im Sand sass und lachte.

– Als Gott das Meer schuf, tat er es mit grosser Weisheit, rief Yabu Bata. Da er nicht wollte, dass die Menschen all sein blaues Wasser austrinken, machte er es salzig.»

Ärzte empfehlen für die Fitness gerne schwimmen, denn es stärkt Oberkörper, Beine und Po – 170 Muskeln sind durch den komplexen Bewegungsablauf in Aktion. Beim Schwimmen werden jede Menge Kalorien verbraucht, selbst wenn man sich gar nicht bewegt. Wer mit Schwimmen gegen Fettpolster angehen möchte, braucht zwar Durchhaltevermögen, wird dafür aber auch nachhaltig belohnt – das Herz-Kreislauf-System gerät in Schwung. Wasser ist ideal für jeden, der sich wegen Knie- oder Gelenkschmerzen, einer Verletzung oder starkem Übergewicht an Land schwer tut. Der Auftrieb reduziert zwar den Energieaufwand ein wenig, andererseits sorgt der erhöhte Widerstand dafür, dass man sich durchs Wasser ziehen muss. Und das ist anstrengend.

Die Wissenschaftlerin Cay Cox von der University of Western Australia hat in einer Studie nachgewiesen, dass Schwimmen bei der Fettreduktion sogar besser ist als Walking. Sie liess eine Gruppe Frauen ein Jahr lang wahlweise ein Walking- oder ein Schwimm-Programm absolvieren und – siehe da – Gewicht und Hüftumfang der Schwimmerinnen hatte sich stärker reduziert: «Wir konnten erstmals zeigen, dass Schwimmen gerade gegenüber Walken Vorteile hat.»

Wie schnell ein sichtbarer Effekt eintritt, hängt auch davon ab, wie gut die Schwimmtechnik ist und somit die mögliche Intensität.

«Technik spielt beim Schwimmen natürlich eine größere Rolle als beim Laufen», ergänzt Cox. Man muss aber kein Sportschwimmer sein, um abzunehmen. Schon eine halbe Stunde langsam Schwimmen bringt die Fettverbrennung auf Touren. Der Schlüssel zum Erfolg ist, dass man diese halbe Stunde fest in seinem wöchentlichen Bewegungsprogramm installiert. Und bei Erfolg auch noch ausbaut.

In Deutschland lernen die Kinder zunächst das Brustschwimmen, berichtet mir meine Freundin A. aus Berlin. Das Energie aufwändigere Kraulen kommt erst danach. In der Schweiz ist es umgekehrt. Mein Sohn lernte erst kraulen, mit dem Brustschwimmen hat er in fliessenden Gewässern immer noch Mühe. Bei 30 Minuten Brustschwimmen verbraucht der Mensch 200 Kalorien, beim Kraulen beinahe das Doppelte – und wenn man dabei redet, verbraucht man sogar das Dreifache an Energie.

Doch zurück zur Schönheit: Wer schon einmal an italienischen Stränden baden war, weiss, dass dort alle Frauen, egal welchen Alters, Bikini tragen und darin, ob mit oder ohne Speckfalten, seit mindestens 1700 Jahren eine ziemlich gute Figur machen.

Aus dieser Zeit stammt ein Mosaik in der Villa Romana del Casala auf Sizilien, das Frauen in zweiteiligen Kleidungsstücken zeigt. Dass wir diese heute unter dem Namen Bikini kennen, ist dem französischen Ingenieur Louis Réard zu verdanken. Als der 52-jährige Inhaber eines Unterwäschegeschäfts im Sommer 1946 zum ersten Mal seinen äusserst knappen Zweiteiler präsentieren wollte, musste eine Nackttänzerin als Model einspringen, weil kein Pariser Mannequin dazu bereit war, sich derart unverhüllt zu zeigen. Tatsächlich waren die zwei winzigen Stoffstücke eine Art modische Explosion. Réard hatte sie auch nicht umsonst nach dem winzigen paradiesischen Atoll im Pazifischen Ozean benannt, auf dem vier Tage vor seiner Präsentation der erste Atomwaffentest nach dem Krieg stattgefunden hatte.

Mit seinem bunten Bikini wollte Réard den vom Zweiten Weltkrieg gezeichneten Menschen ein Stück Lebensfreude zurückgeben und zeigen, dass es sich lohnt, jeden Moment auszukosten. Anstatt also verschämt und missmutig den feuchten Badeanzug von der Körpermitte zu zupfen, sollten Frauen, denen danach ist, ihre flachen, runden, faltigen unförmigen Bäuche selbstbewusst und lustvoll in die Sonne strecken. So wie es all die jungen, alten, dicken und dünnen Männerbäuche schliesslich auch tun.

Frühling – der Beginn der Schwimmzeit. Türkisblau glitzert in meiner Phantasie das Becken in der Sonne, bunte Badekappen hüpfen über die Wasseroberfläche. Die fröhlichen Kinderstimmen von der Wiese und die Angstlustschreie vom Zehn-Meter-Turm sind nur mehr von fern zu hören, sobald man kopfüber eintaucht in eine der weiss-rot markierten, schnurgeraden Bahnen. Fünfzig Meter, einen kräftigen Zug nach dem anderen, wenden und weiter dahingleiten, als ob die Bahn niemals aufhörte.

Wie gleichmässige, fast monotone Bewegungsabläufe den Kopf freimachen für frische Gedanken, Einfälle und Gelüste, kann man bei kaum etwas so gut erfahren wie beim Bahnen ziehen. Ich muss nochmals auf die ehemalige Olympia-Schwimmerin und Künstlerin Leanne Shapton zurückkommen, denn in ihrem Buch «Bahnen ziehen» schreibt sie: «Beim Schwimmen lasse ich die Gedanken schweifen. Ich rede mit mir selbst. Was ich durch die Schwimmbrille sehe, ist langweilig und verschwommen, bei jeder Bahn der gleiche Blick. Banale zusammenhanglose Erinnerungen blitzen lebhaft und willkürlich in meinem Kopf auf, eine Diashow bunt gemischter Gedanken. Sie leuchten auf uns verblassen, wie die Gedanken, die vor dem Einschlafen an einem vorbeiziehen, unwichtig oder mit wachsender Wucht, die sich zu Nervosität auflädt, bevor sie sich wieder auflöst.»

Die Schriftstellerin und Radiomoderatorin Andrea Gerk schreibt in ihrem Buch «Fünfzig Dinge, die erst ab fünfzig Spass machen metaphorisch über das Schwimmen bzw. Bahnen ziehen: «Bahnen ziehen kann man selbstverständlich auch laufend im Park, beim Radfahren, Rollerblaten, Langlaufen oder bei anderen eintönigen Bewegungsarten. Worum es geht, ist die Gleichförmigkeit, in der sich jeder ruhige Lebensfluss ausdrückt, den man als jüngerer Mensch dauernd aufscheuchen und im durchaus positiven Sinn stören möchte. Jetzt ist man so weit, ihn auskosten und geniessen zu können. Denn unter seiner Oberfläche liegen ungeahnte Aufregungen, deren Zeit dann gekommen ist, wenn man sich immer weiterbewegt und einfach wartet, bis sie sich zeigen.»

Im Sommer stehe ich jeweils früher auf und schreibe ein paar Zeilen vor dem Frühstück. Ich kann mit leerem Magen besser schreiben als nach dem Essen. Der Nachbar vom Haus gegenüber ist ebenfalls Schriftsteller, wenngleich Lyriker. Er stammt aus Kanada und publiziert seine Gedichte in amerikanischen Zeitschriften. Wir gehören beide zu der Generation, die Schreiben und Leben gleichsetzen. Wir hoffe beide, das ganze Leben lang zu schreiben, wie wir leben, und nicht zuzulassen, dass – ja, dass was? Dass wir unaufrichtig sind?

Neulich hat er mir sein Buch in den Briefkasten gelegt, darin finde ich folgende Gedichtstrophe unter dem wortspielerischen Titel «Weedy Weeds»:

the banks with decent trees coverage
shelter fort the swimming swimmers

swimming in the swimming pools
where the dogs sniff along the weedy

Bezeichnend an diesen Zeilen sind die Alliterationen sowohl im Titel wie zuerst in er zweiten Zeile, im zweiten Vers in der ersten Zeile. Es ist eine Sommerszene, die hier dargestellt wird. Weedy Weeds bedeutet so viel wie «unkrautiges Unkraut» und spielt an auf das Gras, in dem man im Schwimmbad liegt. Doch sind auch Hunde unterwegs – ich muss gestehen, dass ich nicht weiss, ob Hunde in Schwimmbädern erlaubt sind, aber in der Dichtung sind sie es, und sie tummeln sich am Beckenrand und schnüffeln am Gras. Das ist eine schöne Sommerszene, die da beschrieben ist, in wenigen Zeilen. Man kann sich als Leserin die Ausgelassenheit der Szene vorstellen: Schwimmerinnen und Schwimmer im Pool, Hunde und Handtücher im Gras.

Wie soll die Geschichte enden? Eine Weile lang habe ich mir vorgestellt, dass sie so endet: Eine Frau allein in ihrer Wohnung am Morgen, sie macht sich fertig, um auszugehen. Einer dieser ersten

Frühlingstage mit ebenso viel Sonne wie Wolken. Später vielleicht ein Regenschauer. Die Frau ist wach, seit es hell ist.

Wie viel Uhr ist es jetzt?

Zehn Uhr.

Was hat die Frau getan zwischen der Zeit, als sie erwachte, und zehn?

Eine halbe Stunde lag sie im Bett und versuchte wieder einzuschlafen.

Leidet die Frau unter dieser besonderen Form von Schlaflosigkeit: häufiges Aufwachen, Unfähigkeit, durchzuschlafen?

Ja.

Gibt es einen kleinen Trick, mit dem sie versucht, wieder einzuschlafen?

Ja. Sie zählt, wie oft sie in diesem Jahr schon schwimmen war. Listet in alphabetischer Reihenfolge alle Kantone auf. An diesem Morgen hat keins von beiden funktioniert.

Sie ist aufgestanden. Und dann –?

Hat sie sich einen Tee gemacht, einen Verveinetee, den sie immer trinkt, wenn sie Bauchschmerzen hat. Für gewöhnlich geniesst sie dieses morgendliche Ritual. Tee zu kochen und zu trinken, während sie im Radio die Nachrichten hört.

Was für Nachrichten hat die Frau gehört?

An diesem Morgen lief Musik von Dvořák, sie hat sich berieseln lassen.

Hat sie etwas gegessen?

Einen Famersstengel und einen halben Apfel.

Was hat sie nach dem Frühstück getan?

Nun, ich habe ein Buch hervorgenommen, es heisst «Der Freund» und stammt von der amerikanischen Autorin Sigrid Nunez. Die Autorin hat einen Freund verloren, doch von ihm einen Hund geerbt – mit dem sie sich bald darauf befreundet. Auf Seite 229, in dem Kapitel, in dem sie fragt, wie sie ihr Buch beenden wird, finde ich folgende Stelle: «Wollte ich der grausamen Welt auf Wiedersehen sagen, wäre ich genau am richtigen Ort. Ich könnte mich in den Ozean stürzen und so weit wie möglich von der Küste wegschwimmen. Was nicht weit wäre. Ich bin eine schlechte Schwimmerin, ich war immer nur so tief im Wasser, dass es mir nicht über den Kopf reichte. Aber habe ich nicht gehört, dass Ertrinken die schlimmste Art zu sterben ist? Ich bin sicher, dass ich es irgendwo gelesen habe. Die Frage ist, woher weiss man das?»

Sigrid Nunez gibt selbst Schreibkurse, davon berichtet sie auch in dem Buch, das zur Hälfte ein Collegeroman ist, denn die Autorin schreibt immer wieder auch über ihre Bürokolleginnen an der Uni. Ich glaube, das, was die Autorin antreibt in ihrem Buch über einen Freund, ist die eigene Todesangst. Denn nur wer einmal ganz unten war, kann danach wieder hochkommen, nur wer die Tiefe kennt, kennt auch das Gegenteil, die Höhe.

Auch ich habe die Macht des Wassers im Alter von etwa sieben Jahren erlebt. Ich verbrachte die Sommerferien mit meiner Familie in Italien am Meer. Unsere Eltern liessen uns jegliche Freiheiten, wir durften tun und lassen, was wir wollten, sollten bloss zu den Essenszeiten zu Tisch erscheinen. Meine Cousine und ich spielten auf der Luftmatratze «Medusa», denn das Wasser war schmutzig und voller Quallen. Nun, beim Spiel bemerkten wir nicht, dass am Ufer die rote Fahne gehisst wurde als Zeichen für einen beginnenden Sturm. Wir blieben im Wasser, während sich der Strand leerte.

Plötzlich hatten wir kalt – und bemerkten, dass uns die Strömung ganz schön weit ins Meer hinausgetrieben hatte. Wir versuchten mit Rudern der Beine und Arme wieder in Ufernähe zu gelangen, aber wir kamen nicht vorwärts, das Wasser war stärker. Es wurde dunkel, und wir beide, die wir uns gerade noch lachend von der Luftmatratze geworfen hatten, wurden ernst und ängstlich. Da sahen wir, wie sich am Ufer die Menschen sammelten und uns zuwinkten – wir lachten wieder, dachten nichts Schlimmes dabei. Es dauerte vielleicht eine halbe Stunde, da sahen wir ein Polizeiboot näherkommen. Wir wurden tüchtig ausgescholten von den zwei Männern in Uniform, aber wir waren glücklich, in Sicherheit zu sein. Ich freute mich, dem Wasser noch einmal entkommen zu sein.

Rekonstruktion eines römischen Bades in Odessos, Varna, Bulgarien

6

Schwimmen und Natur:

Mit der Badehose unterwegs sein

Vor einem Monat ist W., ein lieber Nachbar von mir, an Krebs gestorben. Er hatte zwar geraucht, aber das war es nicht, was ihn krank gemacht hatte. Es war wohl einfach Pech. Er hatte Bauchschmerzen, ging zum Arzt, und da traf ihn das Urteil: Krebs. Eine aggressive Form. Lebenszeit: Maximal ein halbes Jahr. W. war ein fleissiger Leser und auch Schwimmer. Er war korpulent, deswegen mochte ich ihn auch sehr.

Ich erinnere mich, dass W. im Sommer nur in der Badehose bekleidet zum Fluss hinunterspazierte. Die fünfhundert Meter zu Fuss auf asphaltierten Trottoirs, über eine Kreuzung, nochmals eine Strasse überqueren, und zwar eine stark befahrene, auf der Autos zum Flughafen fahren – diesen ganzen Weg machte er in der Badehose, als doch älterer stattlicher Gentlemen. Ich mochte ihn deswegen. Wir konnten uns zusammen darüber ärgern, dass es in Zürich keine Freiräume mehr gab, keine Grünflächen. Wir konnten uns darüber ärgern, dass Jugendliche ihre Bierflaschen ins saubere Wasser warfen. Wir konnten uns darüber ärgern, dass es schlechtes Wetter war.

Ich habe meinen Freund W. geliebt, weil ich mit ihm die besten Gespräche über Literatur auf der Strasse hatte.

Wir haben uns auch über den Tod unterhalten: über die Tatsache, dass wir alle sterblich sind. W. hatte keine Angst vor dem Tod. Auch nicht, nachdem ihm der Krebs diagnostiziert wurde und er wusste, dass er nur noch wenige Monate zu leben hatte. Er glaubte nicht an den Tod, er glaubte an das Leben.

Mein Sohn und ein Schulkamerad von ihm gehen mit mir zum Schwimmbad. Entspricht dieser Satz der Wahrheit? Müsste ich ihn nicht in Vergangenheitsform setzen, denn während ich an diesem Text schreibe, vergeht ja Zeit: Mein Sohn und ein Schulkamerad von ihm gingen mit mir zum Schwimmbad. Diese Zeit ist vorbei. Mein Sohn und ein Schulkamerad von ihm gehen alleine schwimmen. Schwimmen bedeutet für mich ein Challenge, es ist eine Herausforderung, jedes Mal, es bedeutet Freiheit, Lust und Lebensfreude.

Wer kennt sie nicht, die Tatort-Serie, die am Sonntagabend jeweils alle zu Hause bleiben lässt. In einer Serie kam das Schwimmen markant vor: Max Ballauf (also Tatort Köln) muss den Mord an dem Chefarzt einer psychiatrischen Klinik aufklären, dabei befindet er sich gerade selbst gerade in Behandlung. Seine Gedanken kreisen darum, dass er eine Polizistin erschossen hat, erschiessen musste, in einer Ausnahmesituation. Er befindet sich mitten in dem Prozess, diesen Mord zu verarbeiten – selten hat man ihn so in sich gekehrt erlebt.

Auch sein Freund und Kollege Freddy und seine gute Freundin Lydia, die ja als Kriminalpsychologin vom Fach ist, können ihm in der Situation nicht helfen. Max Ballauf geht schwimmen. In einer Szene, beim Schwimmen, begegnet ihm die getötete Polizistin sogar unter Wasser. Die Szene wurde nachts in einem 50-Meter-Becken der Sportschule Köln gedreht (tagsüber wird dort ja trainiert). Die Regisseurin Isa Prahl hat die Szene besonders gern gedreht: mit einer Spezialkamera unter Wasser. Das ist eine sehr eindrückliche Szene, die auch wichtig ist im Film, weil das Schwimmen – nachts und allein – dem Polizisten Ruhe verschafft und dieser Tauchgang nicht zuletzt dazu beiträgt, dass er seinen Fall lösen kann.

Zwei Dinge stehen ganz am Anfang des Schwimmens, Grundelemente dieser Kunst: Die Balance der Wasserlage, auf dem Rücken, auf dem Bauch, auf der rechten wie auch auf der linken Seite, auf der Seite liegend schaut dann eine Schulter raus sowie der halbe Mund, wobei der Kopf nicht eigens angehoben wird: Der Nacken bleibt in der Verlängerung der Wirbelsäule. Man muss üben, bis man auf allen Seiten mühlos liegen kann und getragen wird. Das andere ist der Atem. Das Einatmen ist leicht, aber das Ausatmen muss man lernen, es ist die grössere Kunst. Also, allergrösste Achtung gilt dem Atem, wenn er einen verlässt.

«Atme lange, ruhig und stetig aus. Werde leer. Stell dir vor, du schwämmest stets den Berg hinunter, etwa einen Bergbach, tief liege auf dem Wasser, doch vorne ein Ideechen tiefer noch als hinten, das bedeutet, deine Oberschenkel treiben wie von alleine etwas hinauf. Doch die Füsse brechen nicht durch die Wasseroberfläche, sie bleiben sehr knapp darunter, es geht um Eleganz.» (Rinck, S. 155).

Apropos Oberschenkel: Ich kann mich noch genau erinnern, wie meine Mutter roch, nämlich nach einer Creme aus der blauen Dose, die sie seit ihrer Jugend verwendete und im Schwimmbad benutzte. Ich verbinde den Duft mit meiner Kindheit und habe sofort Erinnerungen an das Stadtbad. Meine Mutter hatte jeweils einen Fuss auf den kniehohen Holzlattenrost gestellt und verteilte die weisse Masse auf den Unterschenkeln. Sommerferien, wir haben gemeinsam unsere morgendlichen Bahnen im Freibad gezogen. «Mami, weißt du noch, wie wir um die Wette geschwommen sind?»

Wenn wir mit der Familie am Meer waren, warnte meine Mutter mich häufig: «Nimm genug Sonnencreme mit, damit du keinen Sonnenbrand kriegst, das schadet der Haut.» «Setz dir eine Sonnenbrille auf, sonst bekommst du schlechte Augen und kannst nicht mehr lesen.» «Iss nicht so viel Eiscreme, das macht dick und gibt schlechte Zähne.» Das war lästig für mich als Mädchen, die über die Unendlichkeit der Jugend verfügte. Ich habe keinen einzigen ihrer Ratschläge befolgt.

Und dann: 25. Mai. Die Eröffnung der Badesaison. Lesen, leben, lieben und tauchen ist für mich dasselbe. Der Himmel darüber wie eine Entscheidung. Es wird dunkler, die Luft feucht, eher kühl, die Atmosphäre durchlässig, auf Zukünftiges hin. Regen scheint nicht fern, Regenschein und Regenschauer. Wie soll ich sagen: etwas Schauriges. Ein Hauch von Masse. Besinnungslose, laute und bewegte Menschenmassen. Die eigenen Fähigkeiten weniger als Fleiss, sondern vielmehr als Freiheit unter Beweis stellen – darum geht es doch.

Während ich an diesem Kapitel schreibe, stosse ich in der Süddeutschen Zeitung auf eine Kolumne von Carolin Emcke, die den Titel «Kopf über Wasser» trägt. Sie beginnt mit einer Passage aus dem babylonischen Talmud, die die Aufgaben eines Vaters gegenüber seinem Sohn festlegt. Demnach ist der Vater verpflichtet, den Sohn «zu beschneiden, ihn auszulösen, die Tora zu lehren, zu verheiraten und ein Handwerk zu lehren; manche sagen, auch schwimmen zu lehren.» (Qidushin, 29a)

Warum wohl sollte das Schwimmenlehren zu den gewichtigen Pflichten eines Vaters zu zählen sein? Was ist es, das ein Vater seinem Sohn beim Schwimmen vermittelt, das es wert ist, in eine Reihe mit der Lehre der Tora gestellt zu werden?

Zu den vielen kleinen Dingen, die mein Vater mir nicht beigebracht hat, gehört bei uns das Schwimmen. Das hat mein älterer Bruder übernommen, und das verlief, nun ja, eher suboptimal. Er sass auf einer Luftmatratze im Schwimmbad und lud mich ein, mit ihm auf die sichere Unterlage zu kommen. Ich war vermutlich vier, und er hatte mir bis dahin geduldig alle Bewegungen, die es brauchte, vorgemacht und ich hatte ihn so gut als möglich imitiert. Trotzdem konnte ich mich bislang nur mit Hilfsmitteln über Wasser halten. Ich stand am Beckenrand, ohne Schwimmflügel, und ahnte, als erfahrene jüngere Schwester, das Unheil. Ich ließ mir zusichern, dass er mich nicht von der Luftmatratze schubsen würde, was mein Bruder sofort versprach, um kurzerhand tatsächlich nicht zu schubsen, sondern die Luftmatratze umzukippen. So hatte er zwar die Abmachung nicht gebrochen, aber ich ging unter. Anstatt zu schwimmen, tauchte ich die ganze lange Strecke bis zum Beckenrand und kam schließlich gleichermaßen wütend wie stolz und nach Luft schnappend wieder hoch. Genaugenommen war dies weniger eine Unterweisung im Schwimmen als eine im Tauchen – und eine Lektion darin, immer auf jedes einzelne Wort zu achten.

Was so existenziell ist beim Schwimmenlernen, ist gewiss zunächst einmal die Beziehung, die es dafür braucht. Schwimmen lässt sich kaum allein lernen. Es braucht jemanden, der es einem vermittelt. Und ob Vater und Sohn, Mutter und Tochter oder Bruder und Schwester, in jeder Konstellation geht es beim Schwimmenlernen sowohl um den Prozess des Vormachens und Unterstützens als auch um den Augenblick der Trennung, also des Loslassens und Nichts-mehr-Zeigens. Das Schwimmenlernen braucht das Vertrauen darauf, gehalten zu werden, als auch das Vertrauen, dass der andere niemals früher losliesse als zu dem Zeitpunkt, da man ohne Halt zu schwimmen in der Lage wäre. Und schliesslich braucht es das Zutrauen und das Selbstbewusstsein, es letztendlich auch allein, unabhängig vom anderen zu können. Vielleicht ähnelt das Schwimmenlernen in dieser Hinsicht tatsächlich dem Lesenlernen oder sogar dem Studium der Tora.

Vielleicht geht es beim Schwimmenlernen auch nicht ums Schwimmen. Vielleicht bringt ein Vater seinem Sohn nicht bei, wie man schwimmt, sondern wie man etwas lernt. Und das ist in Zeiten des Covid-19 vielleicht das wichtigste überhaupt. Wir müssen alle lernen, mit der Natur richtig umzugehen, sonst existiert sie in ein paar Jahren nicht mehr. Wir möchten doch, dass unsere Kinder noch wissen, wie frisch gemähtes Gras riecht, wie klares Wasser schmeckt und wie es ist, mit kurzen Hosen auf einen Baum zu klettern.

Das Schwimmen überträgt das Grundprinzip von Laufsportarten ins Wasser: eine bestimmte Strecke in möglichst kurzer Zeit zurücklegen.

Die deutsche Schriftstellerin Monika Rinck geht der Geschichte des Schwimmens nach. Nach ihr gibt es in der Sahara, auf dem Gilf el-Kebir-Plateau, eine «Höhle der Schwimmer». Sie erhielt ihren Namen aufgrund der dort entdeckten Höhlenmalereien von schwimmenden Figuren, deren Entstehung auf etwa 9000 vor Christus geschätzt wird. In der altägyptischen Zeit finden sich gleich mehrere Hieroglyphen für das Schwimmen, was für seine Geläufigkeit spricht.

Aus der Antike sind Zeugnisse seiner Wertschätzung überliefert. Schwimmen, so Sokrates, rette «die Menschem vom Tode» (Lynn Sherr. Swim. Über unsere Liebe zum Wasser, Berlin 2013). Roland Barthes, der sich zeitlebens mit dem Tod (vornehmlich seiner Mutter) auseinandergesetzt hat, berichtet über Eurylochus, einen Schüler von Pyrrhon (viertes vorchristliches Jahrhundert): In Elis ward er einmal im Verlaufe gewisser Erörterungen durch die Fragen seiner Schüler in eine so verzweifelte Anspannung versetzt, dass er, sein Gewand von sich werfend, über den Alpheios, den Fluss, der durch Olympia fliesst, hinüberschwamm. Das sei «die köstlichste aller schiefen Erwiderungen», kommentiert Barthes. (Roland Barthes, Das Neutrum, S. 192).

Wir springen ins Wasser. Es ist wärmer als erwartet, nimmt uns in Empfang. Der Körper streckt sich, dreht sich, probiert Bewegungen aus, die ihm an Land niemals glückten. Bewegt sich vom Ufer weg. Durchquert kühlere Ströme, spürt das sonnendurchwärmte Oberwasser und senkt die Füsse in die dunklen nassen Kuhlen. Legt sich auf den Rücken und schaut in die Wolken, schaut auf die Leute am Ufer. Es ist herrlich. Es kühlt ab.

Ja, ungeahnte Möglichkeiten, doch gleich gekontert mit der Tödlichkeit des Ertrinkens. Die Forderung nach ästhetischer Auslockerung oder Entsicherung, der Lobpreis der Grundlosigkeit, die behauptete Bodenlosigkeit als Grundbedingung des poetischen Aktes.

Die Autorin, die am schönsten über die menschlichen Abgründe und auch über ihre Sehnsucht, einfach zu verschwinden, geschrieben hat, heisst Anne Tyler. Keine schreibt über den Alltag mit Kindern so schön wie sie. Über den Alltag und darüber, wie es ist, eine grosse Familie zu haben – und ihr zu entfliehen.

Der Roman «Kleine Abschiede» beginnt damit, dass eine Frau und Mutter spurlos verschwindet, und zwar in den Ferien am Meer: «Die Polizei des Staates Delaware gab heute früh bekannt, dass Cornelia F. Grinstead, 40, Ehefrau eines Arztes in Roland Park, als vermisst gemeldet wurde, während sie mit ihrer Familie in Bethany Beach Ferien machte. Mrs. Grinstead wurde zuletzt gegen Mittag am vergangenen Montag gesehen, als sie den Strand zwischen Bethany und Sea Colony in südlicher Richtung entlangging. (…) Offizielle Stellen schliessen Tod durch Ertrinken aus, weil Mrs. Grinstead, wann immer möglich, Schwimmen mied und eine erklärte Abneigung gegen Wasser hatte. Ihre Schwester, Eliza Felson, 52, erklärte den Reportern, die vermisste Frau wäre ‹in ihrer letzten Inkarnation womöglich eine Katze gewesen›.»

Nun, hier haben wir es für einmal mit einer Frau zu tun, die das Wasser meidet, eine Frau, die am Strand spazieren geht, und die – gemäss Angaben ihrer Schwester – womöglich einmal eine Katze war. Die Katze steht für Selbstbestimmtheit, Freiheit und Intuition. So wird sie also von ihrer Schwester gesehen. Ich finde, das ist einer der besten Romananfänge überhaupt. Mrs. Grinstead trampt noch im Badeanzug in eine andere Stadt, wo sie sich ein Zimmer mietet und ihre neue Unabhängigkeit geniesst. Für ihren Ehemann und die drei Kinder allerdings gilt sie als vermisst.

Das ist ein meisterlicher Romananfang; als Leserin gehe ich mit Mrs. Greanstead mit, fange in einer neuen Stadt ein neues Leben an und merke doch am Ende, dass sich nichts im eigenen Leben verändert hat – dass man seine Probleme dorthin mitnimmt, wohin man geht. Aber die Vorstellung. Im Badeanzug ein neues Leben zu beginnen, gefällt mir.

Wie wichtig die Mütter sind, und wie stark, schreibt auch der bekannte Schriftsteller und Dozent W. G. Sebald in seinem Buch «Schwindel. Gefühle»: «Wenn wir ins Schwimmbad gingen, das die Gemeinde im 36er-Jahr zur Förderung der Volksgesundheit hatte anlegen lassen, mussten wir bei den Zigeunern vorbei, und jedesmal hat mich die Mutter an dieser Stelle auf den Arm genommen. Über ihre Schulter hinweg sah ich die Zigeuner von den verschiedenen Arbeiten, die sie stets verrichteten, kurz aufschauen und dann den Blick wieder senken, als grauste es ihnen.»

Diese Zeilen sind auch ein Zeitdokument. Sie berichten von Sebalds Kindheit – er war wohl bereits als Kind ein guter Beobachter, denn nur wer als Kind viel beobachtet, kann später Schriftsteller werden. Die Frage ist nur: Weshalb hat die Mutter ihren Sohn auf den Arm genommen, wenn sie an Zigeunern vorbeigingen? Ich glaube, es ist eine Frage des Schutzes. Sebald hatte den Krieg als Kind erlebt und später auch darüber geschrieben. Er hatte, wie alle Menschen der Nachkriegszeit, eine schwierige Kindheit – und ist schliesslich, wer weiss warum, bei einem Autounfall gestorben.

An eines kann mich genau erinnern. Ich war zu dem Zeitpunkt mit meinem Mann am Gardasee, wir hatten Sex unter freiem Himmel, das Leben war schön, wir fühlten uns leicht bis zum Übermut. Der Jasmin blühte und wir verbrachten die Nacht in einem kleinen Hotel, wo diese Pflanze durch das Fenster hineinkletterte in unser Zimmer – es roch nach Sommer und nach Liebe. In jenen Ferien am Gardasee, daran erinnere ich mich genau, rief mich meine Mutter an und teilte mir mit, dass Onkel Max gestorben war. Meine

Mutter, die Onkel Max gehasst hatte, lästerte gegen ihn wie immer; konnte es nicht lassen, selbst als Überbringerin der Todesnachricht, abfällige Bemerkungen über ihren Schwager zu machen, über die Familie Albert, mit der sie nie klargekommen war, seitdem sie in ihrem zweiundzwanzigsten Lebensjahr in diese Sippe hineingeheiratet hatte. Herzversagen, sagte meine Mutter, während ich Sebald las, die Alberts sind unfähig, Misserfolge zu ertragen, hat meine Mutter am Telefon gesagt, immer und immer wieder, Alberts können nicht schwimmen, sagte sie.

Lucas Cranach d. Ä. (1472–1553), Der Jungbrunnen. Cranach zeigt die mittelalterliche Badekultur.

7

Schwimmen als Metapher:

Der Versuch, einen Abschluss zu finden

Ziellos schlenderte ich in den letzten Tagen durch die Strassen. Mein Ziel war die Strasse selbst. Irgendeine. Ich hatte herausgefunden, dass jede ein Ausschnitt aus der Vielfalt des Lebens ist, das Fragment einer Wirklichkeit, die sich geheimnisvoll hinter undurchsichtigen Mauern vor unserer Neugierde verbirgt, unserer Phantasie jedoch keine Schranken setzt, wenn sie versucht, ein verhängtes Fenster, ein vorbeihuschendes Lächeln zu Vermutungen, Möglichkeiten, Wahrscheinlichkeiten auszuspinnen, weil sie sich ihr niemals enthüllt und daher niemals widerlegt.

Von der Fassade der Häuser lassen sich Schicksale ablesen, die sich hinter den Mauern abspielten, wie man aus dem Ausdruck eines Gesichts auf die Stimmung schliessen kann, die das Zusammenspiel seiner Züge bestimmt, und einem Mosaik vergleichbar, setzten sich Häuser und Schicksale zur Strasse zusammen, verwirrende Einzelheiten zu einer Idee der Gemeinschaft verflochten, die unaufhaltsame Bewegung der Zeit in die beruhigte Unbewegtheit von Mauern gebannt, der unendliche Raum zwischen Wänden eingefangen, wie ein wildes Tier, das man in einen Käfig sperrt, um es unschädlich zu machen. Ich bin zu Hause, die Menschen kehren aus ihren Ferien zurück, ich lausche dem Lärm der Autotüren.

Ich war viel schwimmen.

Ein Lied, in dem es vornehmlich ums schwimmen geht und die sogar als sogenannte «Schwimmersage» bezeichnet wird, heisst «Es waren zwei Königskinder».

Mit dem Römer Ovid und dem spätgriechischen Dichter Musaios wurde sie als Dichtung von Hero und Leander überliefert und danach international verbreitet. Ich selbst hatte das Lied als Kind im Auto meiner älteren Schwester mitbekommen. Ich habe es geliebt und häufig mit meiner damals noch hohen Stimme mitgesungen.

Das Lied handelt von zwei Königskindern, die einander liebten, aber durch einen Fluss voneinander getrennt waren. Die Königstochter bittet ihren Bruder, zu ihr rüberzuschwimmen. Dies hörte eine falsche Nonne, sie tat, als wenn sie schliefe – da ertrinkt der Jüngling im tiefen Wasser. Die Königsmutter leidet daraufhin sehr. Sie geht mit ihrer Tochter spazieren, bis sie einen Fischer fand, der sein Netz in den Fluss warf und den Königssohn aus dem Wasser fischt – er ist tot. Da zieht die Königstochter ihren Mantel aus und auch ihr Ringlein, das sie dem Fischer gibt, der damit Brot für seine Kinder kaufen soll, und springt ins Wasser. Somit sind beide Königskinder im Wasser ertrunken.

Es ist dies ein Kinderlied, und ich habe es zu einem Zeitpunkt gehört, als ich selbst noch nicht schwimmen konnte. Es hat mich beeindruckt, weil man, wenn man noch nicht schwimmen kann, am meisten Angst hat vor dem Nichtschwimmenkönnen.

Doch kehren wir zurück zum Wasser: Wasser ist elementar, es ist das, woraus wir gemacht sind, wir können weder im noch ohne Wasser leben. Der Versuch zu definieren, was mir Schwimmen bedeutet, ist, wie eine Muschel zu betrachten, die in einem Meter Tiefe in klarem stillem Wasser liegt.

Es ist Morgen und ich habe ein Buch von Epiktet auf meinem Nachttischchen: Das Buch vom geglückten Leben – als Untertitel heisst es: Du willst Philosoph sein, mach dich darauf gefasst, dass man dich auslacht. Aus diesem schmalen Büchlein erfahre ich endlich, was es heisst, gegen den Strom zu schwimmen, denn es steht darin die Weisung, dies niemals zu tun: «Schwimme nicht gegen den Strom!» Für mich bedeutet das, dass man nicht verlangen soll, dass die Dinge gehen, wie ich es wünsche, sondern dass ich sie so wünsche, wie sie gehen – so wird mein Leben ruhig dahinfliessen.

Zwar keine Metapher, aber einen Vergleich des Schwimmens mit der Kunst – und dadurch vielleicht doch eine Metapher – finde ich in Martin Hamburgers Roman «Die Fahrt aus der Haut»: «Die Liebe zu meiner Frau war eine Einsicht. Ich bin mir dieser Liebe bewusst. Das Bewusstsein ist von einem Moment zum anderen gekommen. Es war wie der Moment, in dem ich als Kind wusste: Jetzt kann ich schwimmen.» Es ist erstaunlich, wie viele Menschen sich daran erinnern, wie, durch wen und in welchem Alter sie schwimmen gelernt haben. Aaron Appelfeld schreibt in seinem Roman Folgendes: «Es kam häufig zu seltsamen Unstimmigkeiten zwischen meinen Eltern, immer wieder von neuem. Nur der Pruth einte sie, sie schwammen mit ähnlichen Bewegungen und mit gleicher Kraft, und wenn sie aus dem Wasser kamen, sahen sie wie Sportler aus, die sich auf einen Wettkampf vorbereiteten.» Die Stelle zeigt, dass Appelfeld, um ein guter Schriftsteller zu werden, als Kind viel beobachtet haben musste, viel beobachtet und viel erlebt.

Zum Thema Erinnern passt eine kurze Senquenz aus dem Roman «Hamster im hinteren Stromgebiet» von Thomas Meyerhoff: «War denken jetzt wie schwimmen? Würde ich ertrinken, wenn ich für einen Augenblick mit dem Erinnern aufhörte?» Auch Meyerhoff geht davon aus, dass man beim Schwimmen gut denken kann bzw. dass man, um nicht zu ertrinken, sich erinnern muss – daran, wie man als Kind schwimmen gelernt hat. Der Roman von Meyerhoff handelt von einer Angst, davon, wie er einen kleinen Schlaganfall erlitt und per Ambulanzwagen ins Allgemeine Krankenhaus eingeliefert wurde.

Auf seinem Krankenbett, zur Ruhe gekommen, erinnert er sich weiter: «Das Eintauchen in den Verkehr kam einer Befreiung gleich, endlich, endlich ging es los, und es erinnerte mich – nicht damals, sondern jetzt im Krankenbett – daran, wie ich als Teenager tagelang vor einem wichtigen Schwimmwettkampf meine Trainingseinheiten in Jeans und Sweatshirt hatte absolvieren müssen. Wie ein vom Schiff Gefallener paddelte ich vollgesogen durch die Schleswiger Schwimmhalle.» Der Kranke erinnert sich im Bett an seine Jugend, und zwar an das Schwimmen in Kleidern. Es klingt ein wenig nach einem Tagtraum – und auch nach einem Muss. Er sagt schliesslich «müssen».

In James Joyce' «Dubliner» kommt die Bewegung, die gut gegen jede Krankheit ist, ganz zu Beginn vor: «Beweg dich! Als ich so jung war, habe ich jeden Morgen kalt gebadet, winters wie sommers. Das kommt mir jetzt noch zustatten. Bildung ist ja schön und gut ...» Es heisst doch eigentlich mens sana in corpore sana, und diese Stelle zeugt davon, wie verkorkst und hart die ältere Generation aufgewachsen ist und diese Härte an die Kinder weitergeht.

Ich schliesse den Bericht abs mit einem Traum, mit einem Traum, den ein Familienvater träumt, Henning in Juli Zehs Roman «Neujahr»: «Kurz darauf träumte er, Bibbi sei ins Wasser gefallen. Er hatte nicht gesehen, wie sie fiel, sie war bereits untergegangen, ihr heller Körper im dunklen Wasser, und sie sank.» (S. 64)

Die Tochter ist noch klein, und der Traum zeugt wohl von der Sorge des Vaters, sie irgendwie zu verlieren. Es ist Winter, Erster-Erster, Neujahr, der Vater ist blind, und das Wasser ist trüb – das Wasser ist hier das Unterbewusste, das ES. Und das wird es wahrscheinlich für immer bleiben.

Literaturliste Schwimmen

Marc Augé: Das Glück des Augenblicks. Liebeserklärung an den Moment. Aus dem Französischen von Michael Bischoff. Verlag C.H. Beck München 2019.

Isaak Babel: Mein Taubenschlag. Sämtliche Erzählungen. Hanser 2014.

John Cheever: Der Schwimmer. Storys. Dumont 2009.

Joan Didion: Woher ich kam, Ullstein 2019.

Ulrike Draesner: Kanalschwimmer. Mare Verlag 2019.

John Düffel: Gebrauchsanweisung fürs Schwimmen. Piper Verlag München 2016.

Wilhelm Genazino: Ein Regenschirm für einen Tag, Hanser 2001.

Andrea Gerk: Fünfzig Dinge, die man erst ab fünfzig richtig Spass machen, Kein & Aber, 2019.

Günter Grass: Katz und Maus. Danziger Trilogie. Sammlung Luchterhand 1961.

Wolf Haas: Junger Mann, Hamburg 2018.

Wolf Haas: Silentium!, Reinbek bei Hamburg 2012, S. 153.

Eduardo Halfon: Duell. Hanser Verlag 2019.

Jessica J. Lee: Mein Jahr im Wasser. Tagebuch einer Schwimmerin. Berlin Verlag 2018.

Christoph Leonhardt: Bewegungsapparat und Leistungsschwimmen. Dissertation, Bonn 1982.

Annette Lory: Meer und Berge, Zürich 2018.

Yann Martel: Schiffbruch mit Tiger, Fischer Taschenbuchverlag 2005.

Marcel Mauss: Die Techniken des Körpers, in: ders., Soziologie und Anthropologie, hg. von Wolf Lepenies/Henning Ritter, Bd. 2, Frankfurt a.M. 1989, S. 197–220.

Hugo Ramnek: Der letzte Badegast, Wieser Verlag 2010.

Rainer Maria Rilke: Die Gazelle, in «Neue Gedichte», 1907.

Leanne Shapton: Bahnen ziehen, Suhrkamp Verlag 2012.

Stefanie Sourlier: Das weisse Meer. Frankfurter Verlagsanstalt 2011.

John Kennedy Toole: Ignaz oder die Verschwörung der Idioten. DTV 1999.

Robert Walsers Text «Kahnfahrt» (Sämtliche Werke Bd. 20, S. 49ff.).

Kurt Wiessner: Natürlicher Schwimmunterricht, Wien und Leipzig 1929.

Nicolaus Winmann: Colymbetes sive de arte natandi dialogus, 1938.

Miranda Yuli: Das Schwimmteam, in: Zehn Wahrheiten, Diogenes Verlag 2008.

Dank

Ich danke Bernd Zocher für den Zuspruch, Charlotte Staehelin, Villo Huszai, Katja Schenker für Zitate und die langjährige Freundschaft. Ruth Känel danke ich für die erste Lektüre. Dr. Bernhard Küchenhoff danke ich für die Geduld und meinen Geschwistern für die Erinnerungen. Tiefe Dankbarkeit an Felix und Ferenz, die meine Liebe zum Wasser teilen.

Literatur bei zocher & peter

Yves H. Schumacher
Die Motteneierzählung
Roman

gebunden, 200 Seiten, 12,5 x 20,8 cm
978-3-907159-42-9

Das ist die skurrile Lebensgeschichte des böhmi-
schen Botanikers und Kakteensammlers Stanislaus Kurz.
Das Schicksal verschlug ihn nach Australien,
wo sein Leben eine dramatische Wende nahm.

Er beteiligte sich im Kampf gegen die Kakteenpest, die
in den Zwanzigerjahren des letzten Jahrhunderts in ganz
Queensland und in Teilen von Neusüdwales wütete und
das Land mit einem undurchdringlichen Dickicht von
etwa 24 Millionen Hektaren überwucherte.

Hunderte von Australiern verbreiteten dann
Millionen von Motteneiern in der Kakteenwüste.
Innerhalb von zehn Jahren vernichteten die Raupen
neunzig Prozent des Bestands.

Yves H. Schumacher schildert die Geschichte dieser
ersten groß angelegten ökologischen Schädlingsbekämp-
fungsaktion der Welt. An ihr zeigte sich auch, dass es zum
Pestizideinsatz natürliche Alternativen gibt.

zocher & peter verlag
Hofackerstrasse 13A | CH 8032 Zürich
www.zope.ch | info@zocher-peter.ch

© 2023 by zocher & peter verlag kmg | CH 8032 Zürich
Telefon ++41 (0)44 382 82 10 | www.zope.ch | info@zocher-peter.ch
Alle Rechte vorbehalten | ISBN 978-3-907159-53-8

Druck: CPI Direct, D 25917 Leck
Gesetzt aus der Adobe Garamond 10.5/13.5, LW5
Bibliographische Information der Deutschen Bibliothek: Die Deutsche Nationalbiblio-
thek verzeichnet diese Publikation in der Deutschen Nationalbibliografie; detaillierte
bibliografische Daten sind im Internet über http://dnb.d-nb.de abrufbar